Dr. Marco von Münchhausen

Entrümpeln mit dem inneren Schweinehund

dtv

INHALT

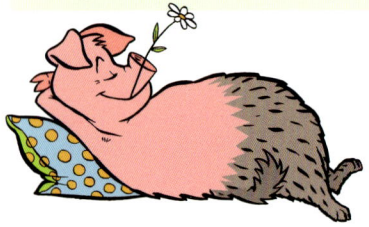

Die Entrümpelungs-Pyramide

1. **Beginnen Sie Ihre Ausmist-Aktion** mit dem großen »Krempel-Check« in Kapitel 1. Mit diesem Test ermitteln Sie Ihren ganz persönlichen Entrümpelungsbedarf.

2. **Der erste Befreiungsschlag:** Räumen Sie zusammen mit Ihrem Schweinehund die Wohnräume auf. Entsorgen Sie den ganzen unnützen Krempel. Seien Sie ehrlich: Haben Sie etwas davon in letzter Zeit wirklich gebraucht? Das bringt gleich ein ganz anderes Lebensgefühl – und Ihre Wohnung erscheint Ihnen größer. Hilfe finden Sie ab Seite 90.

3. **Nun geht es an die versteckten Krempel-»Sünden«:** Nehmen Sie sich das Chaos hinter Ihren Schranktüren und auf Ihren Regalbrettern vor (ab Seite 103). Widerstehen Sie der Versuchung, alles auf einmal machen zu wollen: Schublade für Schublade kommen Sie auch zum Ziel, aber bleiben vor allem mit Lust und Laune bei der Sache. Es mag ein wenig dauern, aber wenn alles ausgemistet ist, werden Sie sich richtig erleichtert fühlen.

4. **Nun ist alles ausgemistet.** Was gibt es noch zu tun? Mit der dritten Stufe der Pyramide bringen Sie System in Ihre Räume, damit sie dauerhaft gerümpelfrei bleiben. Kapitel 3 (ab Seite 86) zeigt Ihnen, wie es geht. Ob Dachboden, Büro oder Keller: Für jeden Bereich finden Sie hier Tipps zum Verstauen und Organisieren.

5. **Und das ist noch nicht alles:** In Kapitel 4 (ab Seite 120) geht es um den seelischen Ballast. Oft belasten uns Sorgen oder schlechte Gewohnheiten, die wir eigentlich schon längst loswerden wollten. Schauen Sie genau hin und misten Sie aus.

6. **Sicher kennen Sie auch »Energieräuber«:** Menschen, die immer etwas von Ihnen wollen, aber nichts zurückgeben. Befreien Sie sich auf dieser Stufe der Pyramide von Menschen, die Ihnen nicht gut tun, und auch von negativen Emotionen (ab Seite 132). Wenn Sie gelernt haben loszulassen, machen Sie sich Ihr Leben viel leichter.

Sie wissen vor lauter Gerümpel gar nicht, wo Sie anfangen sollen? Ihrem inneren Schweinehund kommt das sehr gelegen, **denn solange Sie keinen Anfang finden, räumen Sie auch nicht auf.** *Schlagen Sie Ihrem Schweinehund ein Schnippchen und erklimmen Sie einfach Schritt für Schritt die Entrümpelungs-Pyramide.* **Fangen Sie an der untersten Stufe der Pyramide an** *und arbeiten Sie sich allmählich hinauf zur Spitze.*

7. Alles geschafft? Gratulation! Jetzt heißt es am Ball bleiben, damit Ihr Schweinehund Sie nicht wieder in alte Gewohnheiten zurückfallen lässt. Folgen Sie den Entrümpelungsfahrplänen (Kapitel 3 ab Seite 68) und nehmen Sie sich immer mal wieder äußere und innere »Krempel-Ecken« vor.

7. Fahrplan nach Maß

6. Energie schützen

5. Innerer Ballast-Check

4. Gerümpelfrei bleiben mit System

3. Schränke, Regale und Kisten ausmisten

2. Alle Wohnräume und Nutzflächen entrümpeln

1. Testen Sie Ihren Entrümpelungsbedarf mit dem »Krempel-Check«

»Uli, was ist bloß mit dir los?«

Jedes Jahr geben die Schweinehunde eine Gerümpelparty: Dann hocken sie im Keller, auf dem Dachboden oder in der Garage und amüsieren sich über das Chaos, in das sie ihre Herrchen und Frauchen gestürzt haben.

Wenn Uli, einer der wildesten und berüchtigtsten Schweinehunde weit und breit, eine Gerümpelparty veranstaltet, ist die Vorfreude besonders groß: Auf mannshohen Türmen gestapelter Kisten, Autoreifen, kaputter Fahrräder und ausrangierter Matratzen sitzen, Fast Food mit den Fingern vertilgen und direkt aus der Flasche trinken – das ist für Schweine-hunde ein Riesenspaß. Je unordentlicher und wilder, desto besser.

In diesem Jahr allerdings kam alles etwas anders: In der total zugestellten Garage sollte die Party steigen, so stand es in der Einladung. Doch was mussten die grunzenden Gäste sehen? Von Chaos keine Spur! Alles fein säuberlich aufgeräumt, sogar das Auto stand wieder drin. Schnell schlussfolgerten die Schweinehunde – schließlich sind sie hochintelligente Geschöpfe –, dass die Party wohl in den Keller verlegt war. Doch welche Enttäuschung: Auch hier nichts als befremdende Ordnung. Sollte das Fest also auf dem Dachboden steigen? Wie groß war das Erstaunen, als sie auch hier kein gemütliches Tohuwabohu vorfanden, sondern einen entrümpelten, geordneten und sauber gefegten Dachboden. Und damit nicht genug: In der Mitte des Raumes stand eine weiß gedeckte Tafel, an deren Kopf sie ein lachender, elegant gekleideter Gastgeber empfing. Die grunzende Meute verstummte: Sollte das ihr Uli sein? Der legendäre Schweinehund, der seinen Menschen so fest im Griff hatte wie sonst keiner unter ihnen? In der Tat, er war es. Und schnell brachte er das sich erhebende Stimmengewirr zum Schweigen: Mit dem Rücken seines auf Hochglanz geputzten Messers ließ er sein Glas erklingen, wartete einen Moment, bis sich alle gesetzt hatten, und begann seine Rede:

»Meine lieben Freunde: Wir alle lieben Unordnung und Chaos – und dachten, das sei gut so.« Ein Raunen ging durch die am Tisch versammelte Runde. »Es ist tatsächlich gut so!«, platzte einer hervor. »Kaum etwas ist mir mehr verhasst als Aufräumen und Entrümpeln!« Uli blickte ruhig von Schweinehund zu Schweinehund. »Ich weiß, ich weiß. Wir haben genug Tricks entwickelt, unsere Herrchen und Frauchen vom Aufräumen abzuhalten. Allzu groß sind unsere Ängste, und fast wundert es mich, dass mein Mensch es geschafft hat. Er hat mich tatsächlich dazu gebracht, ihn entrümpeln zu lassen, ja, ich muss gestehen: ihm am Schluss sogar noch zu helfen.«

Ungläubig schauten die Schweinehunde ihn an. Das klang ja skandalös. Aber unglücklich wirkte ihr Uli überhaupt nicht, nein, er machte einen richtig aufgeräumten Eindruck mit seinem frisch gebügelten Hemd, den geputzten Schuhen und seinem klaren Blick. »Mein Mensch hat einen Weg gefunden, den ich nicht nur ohne große Selbstüberwindung mitgehen konnte, nein: Es hat sogar Spaß gemacht!

Meine Erfahrung: Aufgeräumt …

Mittlerweile fühle ich mich selber hier sauwohl. Und ich muss euch etwas verraten: Ihr braucht eure wahre Natur als Schweinehunde nicht aufzugeben, wenn ihr euren Menschen so aufräumen und entrümpeln lasst, dass er sich nicht überanstrengt.« »Das ist doch gar nicht möglich, das glaube ich einfach nicht«, grunzte ein besonders dicker und leicht schmuddelig wirkender Schweinehund.

»Es ist eine Gratwanderung«, räumte Uli ein. »Ihr müsst natürlich weiterhin sehr achtsam sein: Sollte euer Herrchen oder Frauchen versuchen, mit Disziplin und Mühe Ordnung zu

… lebt es sich leichter.

erzwingen, dann werdet ihr dieses Vorhaben sabotieren und torpedieren. Und zwar mit allen Tricks und Tücken, die wir entwickelt haben.« Breit grinsten die Schweinehunde in sich hinein. Sie wussten nur zu genau, wie sie die Menschen von ihren guten Vorsätzen abbringen konnten. »Wir werden uns nur dann zähmen lassen, wenn die Vorhaben mit Leichtigkeit und Spaß umgesetzt werden«, fuhr Uli fort. »Denn was wir nie aufgeben werden, ist unser ständiges Streben nach Wohlgefühl. Lasst das eure Richtschnur sein!« Da stimmten die versammelten Schweinehunde gerne zu: Gegen ein saugutes Wohlgefühl lässt sich eben nichts einwenden. Und dann ließen sie sich erzählen, wie Uli und sein Mensch es geschafft hatten, das gesamte Haus in Ordnung zu bringen. Und warum sie sich danach sehr beschwingt fühlten. Seine wichtigsten Tipps und Hinweise werden in diesem Buch wiedergegeben.

Weg mit dem Ballast

Kaum haben Sie die Garage im Griff, schon sammelt sich Gerümpel auf dem Dachboden. Und wenn Sie Ihren Wohnzimmerschrank vom Schnickschnack befreit haben, rottet sich Nippes auf dem Klavier zusammen. Hier erfahren Sie, warum das so ist und wie Ihnen der Krempel die Lebensfreude nimmt. Und Schweinehund Uli verrät, wie er seine Pfoten im Spiel hat.

Dem Krempel auf der Spur

Zu viele nutzlose Küchenmaschinen, zu viel Dekoration und dann noch die Erbstücke von Tante Erna – wer sich mit Problemen wie diesen herumschlägt, muss sich eigentlich keine Sorgen machen. Denn Menschen, die in Mangel leben müssen, kommen gar nicht in diese Lage. Aber das ist kein Grund, weiterhin so zu wohnen. Schärfen Sie Ihren Blick für die Dinge, die nur so tun, als seien sie nützlich, wertvoll oder schön. Sie machen Ihnen das Leben schwer.

Niemand redet gerne darüber, aber so gut wie jeder hat es: Das »Keller-Abstellkammer-Syndrom«. Das ist das permanent nagende schlechte Gewissen, das Sie befällt, wenn Sie an die vielen Dinge denken, die Sie mal eben in Ihren Kellerraum oder auf den Dachboden geschoben haben oder in den schmalen Raum zwischen Ihr Auto und die Garagenwand: das kaputte Fahrrad, Holzabschnitte von der jüngsten Renovierungsaktion, ausrangierte Stühle, den großen Karton von Ihrem neuen Fernsehapparat und unzählige Blumentöpfe verschiedenster Farben und Größen, in denen einst ungezählte Zimmergewächse verendet sind. Wenn Sie sich das ganze Ausmaß des Chaos vor Augen halten, wird Ihnen fast elend. »Ich müsste unbedingt mal wieder ausmisten«, sagen Sie streng zu sich. Und wissen ganz genau, dass Ihr Schweinehund hinter Ihrem Rücken sein breitestes Grinsen aufsetzt. »Dazu ist jetzt keine Zeit«, raunt er Ihnen zu. »Später vielleicht.«

Einfach Ordnung schaffen

In Keller, Abstellkammer und Garage befinden sich meist nur die schlimmsten Krempel-Anhäufungen. Daneben existieren kleinere Brutstätten: unter dem Bett, auf dem Schlafzimmerschrank, an der Garderobe oder auf Ihrem Schreibtisch. Keller und Dachboden brauchen Sie einfach wochenlang nicht zu betreten, kleineren Krempel-Ansammlungen begegnen Sie jedoch jeden Tag viele Male. Aber anstatt sie einfach wegzuräumen, ärgern Sie sich lieber darüber. Oder Sie legen sich eine selektive Wahrnehmung zu und sehen den Kram überhaupt nicht mehr. Beides kostet Energie: Ihre Lebensenergie. Und Sie verschwenden Zeit, um Ihren Krempel hin und her zu räumen, zu durchsuchen oder sogar abzustauben. Warum sind Sie bereit, so viel Energie zu verschwenden?

Richtig: Weil Ihr Schweinehund Ihnen einredet, dass die Beseitigung des Krams noch viel mehr Energie kostet. Schließlich will er nur Ihr Bestes: Sie vor Überanstrengung bewahren, Ihnen gemütliche Stunden auf dem Sofa bereiten oder Spaß mit Freunden gönnen. Das mag kurzfristig auch funktionieren – allerdings bleibt das quälende »Keller-Abstellkammer-Syndrom« im Hintergrund aktiv und verdirbt Ihnen regelmäßig die Laune. Und nicht nur das: Wer es nicht schafft, Ordnung zu halten, der schleppt oft auch seelischen Ballast mit sich herum. Sei es ein ungeklärter Konflikt in der Familie oder eine innerlich belastende Schuld. Solch »emotionales Gerümpel« in Ordnung zu bringen fällt Ihnen möglicherweise noch viel schwerer, als Ihre Wohnung aufzuräumen.

Ohne mich geht gar nichts

Sie kennen mich schon lange, nicht wahr? Aber Sie mögen mich, Ihren inneren Schweinehund, nicht besonders. Das ist eigentlich schade. Denn ich sorge dafür, dass Sie es sich gut gehen lassen: Dass Sie entspannt shoppen, anstatt Ihren Kleiderschrank auszumisten. Oder dass Sie mit Ihrer Schwiegermutter lieber oberflächlich plaudern, als mit ihr Klartext darüber zu reden, dass Sie ihre Krempel-Geschenke und Ratschläge nicht haben wollen. Sehen Sie: Ich bewahre Sie vor Stress und unangenehmen Emotionen. Und Sie glauben, Sie müssten mich »überwinden«? Ich sage Ihnen gleich: Das hat keinen Zweck. Wenn Sie mich angreifen, werde ich bissig. Arbeiten Sie doch einfach mit mir zusammen. Denn im Grunde habe ich gar nichts gegen Aufräumen, solange es Spaß macht und nicht zu anstrengend wird.

Und so leben Sie täglich mit vielen unguten Gedanken, Sie ärgern sich darüber, schieben sie weg und können doch nachts nicht schlafen, weil sie immer wieder auftauchen. In Ihrem Inneren spielen Sie immer wieder die gleichen Sätze ab – das ist in etwa so nervenaufreibend, wie einer Schallplatte mit Sprung zu lauschen. Warum lassen Sie das nur zu? Ach ja: Ihr Schweinehund.

Sie sind – das ist die gute Nachricht – Ihrem Schweinehund nicht ausgeliefert, wenn Sie eine einzige Regel befolgen: Versuchen Sie nie, Ihren kleinen Begleiter zu überwinden, sondern nehmen Sie ihn an die Hand.

Dieses Buch möchte Ihnen zeigen, wie Sie Ihr ganz persönliches »Keller-Abstellkammer-Syndrom« loswerden. Und dass Sie, wenn Sie Ihren äußeren Lebensraum entrümpeln, im gleichen Atemzug Ihre Seele von Ballast befreien. Es möchte sich Ihnen als Wegweiser anbieten, mit dem Sie Schritt für Schritt eine Bresche durch Ihren selbst gebauten Dschungel schlagen können. Eine Methode, mit der Sie sich letztlich von all dem Krempel befreien können, der Ihre Lebensenergie blockiert. Ein besonderes Augenmerk legt es dabei natürlich auf die Zusammenarbeit mit Ihrem ständigen Begleiter: Ihrem Schweinehund. Erfahren Sie, welche Tricks er anwendet, um Ihnen in die Parade zu fahren. Und lernen Sie, wie Sie seine Energie so umlenken, dass Sie Ihr Ziel sogar zusammen erreichen: endlich aufgeräumt zu haben.

Was ist Krempel, Gerümpel, Ballast?

Ein kurzer Blick zurück: Vor der Industrialisierung waren alle Sachen, die eine Familie besaß, von Hand hergestellt. Entsprechend hoch war ihr Wert, und nach Möglichkeit wurden die Dinge über mehrere Generationen benutzt. »Man kaufte, um zu behalten«, schreibt der Philosoph Erich Fromm in seinem Buch *Haben oder Sein*. »Heute kauft man, um wegzuwerfen. Verbrauchen, nicht bewahren, lautet die Devise.« In der Tat ist es heute einfacher und angenehmer, wenn Sie einen Buche-Imitat-Schrank wegwerfen und dann neu kaufen, als ihn abzubauen, mit ihm umzuziehen und in der neuen Wohnung festzustellen, dass er sich nicht mehr zusammenbauen lässt.

Massenware

Die meisten Gegenstände, die uns umgeben, sind billige Massenwaren. Nach kurzem Gebrauch verwandeln sie sich in Gerümpel. Und weil die Industrie davon lebt, dass wir ständig neue Dinge kaufen, erfinden Designer immer wieder neue Massenprodukte. Eine riesige Marketingmaschinerie erklärt uns anschließend, warum uns diese Produkte glücklich machen. Wir wissen das – und kaufen sie trotzdem. Wir kaufen aber auch ganz gewöhnliche Gegenstände, die wir schon in zwei- oder dreifacher Ausführung besitzen, nur weil sie ein Discounter oder Kaffeeröster

WENN AUFRÄUMEN ZUM PROBLEM WIRD

Know-how

Sie sind ständig umgeben von käuflichen Verlockungen, Sie stehen unter konstantem Leistungs- und Zeitdruck. Unter diesen Rahmenbedingungen wird Aufräumen zur Herausforderung. Die einen kriegen es gar nicht hin, die anderen übertreiben es. Jugendliche nutzen Unordnung auch als Form des Protests.

Messies

Auf der einen Seite gibt es die so genannten Messies: Sie leben in einer solchen Unordnung, dass ihre Räume mehr mit einer Müllkippe gemein haben als mit einer normalen Wohnung. Der Grund dafür: Messies können nichts wegwerfen. Für sie sind Sachen nicht einfach nur Sachen. Sie haben eine so starke, gefühlsmäßige Beziehung zu den Gegenständen um sich herum aufgebaut, dass sie manchmal sogar mit ihnen reden.

Ordnungsfanatiker

Andererseits gibt es Menschen, die zwanghaft Ordnung halten. Sie werden nervös, wenn etwas nicht an seinem Platz liegt. Jedes Stäubchen wischen sie sofort weg, für jeden Krümel wird der Staubsauger angeworfen. Und jeder Besuch bedeutet für sie einen riesigen Stress: Er bedroht ihre geordnete Welt. Um Messies und Ordnungsfanatiker soll und kann es in diesem Buch nicht gehen. Menschen, die unter einem dieser extremen Aufräum-Probleme leiden, brauchen unbedingt die Unterstützung von fachkundigen Therapeuten, Psychologen oder Sozialarbeitern. Eine bessere Kooperation mit dem inneren Schweinehund reicht in diesen Fällen nicht aus. Wenn Sie das Gefühl haben, Sie selbst könnten ein Messie sein oder einer extremen Ordnungsliebe frönen: Geben Sie sich einen Ruck. Sprechen Sie mit einem Profi.

Jugendliche

Anders sieht es aus mit pubertierenden Jugendlichen: Bei ihnen entspricht der Zustand ihres Zimmers häufig dem gefühlsmäßigen Chaos, in dem sie sich befinden. Außerdem rebellieren sie mit allen Mitteln gegen die Wertewelt ihrer Eltern – und das Aufbegehren gegen deren Vorstellung von Ordnung und Unordnung gehört unbedingt dazu. Das ist völlig normal und geht vorüber. Einschreiten sollten Sie allerdings, wenn die Gesundheit Ihrer Familie auf dem Spiel steht (weil zum Beispiel Essensreste Getier aller Art anlocken) oder wenn es um die Sicherheit Ihrer Wohnung geht (Brandgefahr).

besonders günstig anbietet. Kennen Sie das? Sie schauen sich Anzeigen und Auslagen dieser Geschäfte an, um zu sehen, »ob Sie vielleicht etwas brauchen können«. Kaufen macht Ihrem Schweinehund einfach Spaß, und wenn Sie dabei vermeintlich sparen, ist die Freude noch größer.

Statussymbole

Weil so genannte Designer-Stücke so teuer sind, vermitteln sie uns das Gefühl, wir hätten etwas Besonderes – und damit seien wir auch etwas Besonderes. Und so stehen sie also herum: die Wagenfeld-Lampe, der Beistelltisch von Eileen Grey und die chromblitzende Dampfdruck-Espressomaschine, die so umständlich zu bedienen ist. Je nach Milieu kommen auch falsche griechische Säulen zum Einsatz und riesige Vasen. Oder Spitzendeckchen: Ein schönes Beispiel für ein Statussymbol, das sich ein wenig in der Zeit geirrt hat. Die Spitze galt im achtzehnten Jahrhundert als schickes Accessoire der aristokratischen Garderobe. Asfa-Wossen Asserate, Autor des Bestsellers *Manieren,* schreibt, dass Spitzen, auch wenn sie ein nur bescheidenes Dasein als Deckchen fristen, »von dem Wunsch zeugen, sich an großen Vorbildern auszurichten und das menschliche Leben irgendwie edler zu machen«. Ihr Schweinehund weiß das nur zu genau: Nichts möchte er lieber, als dass Sie sich herausgehoben fühlen, edel und stilvoll.

Geschenke

Sie sind gut gemeint – nach dem Geburtstag oder dem Weihnachtsfest verwandeln sie sich aber nur zu oft in Krempel: Die teuren Utensilien für Büro, Wohnzimmer oder Küche, die Ihre Freunde für Sie ausgesucht haben. Wohin damit? Manchmal kommt da schon der Gedanke: Wegwerfen! Aber da zieht Ihr Schweinehund die Notbremse: Was, wenn Ihre Freunde zu Besuch kommen und das schöne Stück ist nirgends zu sehen? Nein, niemand soll gekränkt werden. Das würde Ihr Schweinehund nicht ertragen. Und so stopfen Sie Ihre Geschenke irgendwo dazwischen: auf die Fensterbank, den Fernseher, ins Bücherregal. Nur richtig darüber freuen können Sie sich nicht.

Erbstücke

Feierlich wird Ihnen das edle Stück überreicht: Ein Handtuch aus der Aussteuerkiste Ihrer verstorbenen Großmutter. Original verpackt, mit gestickten Initialen. Sie fühlen sich geehrt, stecken das gute Tuch in die Waschmaschine und ziehen einen ziemlich stockfleckigen und fadenscheinigen Lappen wieder heraus. Jetzt bekommt es Ihr Schweinehund mit der Angst zu tun: Wenn Sie das Erbstück einfach wegwerfen, dreht sich die Großmutter dann im Grabe um? Bevor Ihr Schweinehund den Zorn der Verwandtschafts-Geister weckt, zieht er lieber den Schwanz ein und lebt inmitten von muffigem Gerümpel.

Erinnerungen

Jeden Sommer werden an den Urlaubsstränden tonnenweise Muscheln und Steine gesammelt und nach Hause geflogen, wo sie dann verstauben. Ganz zu schweigen von den Souvenirs. Alles nette Erinnerungen – und doch verwandeln sich diese schönen Fundstücke auf Dauer in Gerümpel.

Sportausrüstung

Unbenutzte Sportgeräte liebt der Schweinehund besonders: Sie sehen aus, als würden Sie Sport treiben, aber tatsächlich müssen Sie keinen einzigen Muskel bewegen. Und sind diese Gegenstände nicht auch ein toller Beweis für Ihren Geschmack, Ihre blendende Gesundheit und Ihr gutes Einkommen?

Veraltete High-Tech-Geräte

Ist Ihre Wohnung ein heimliches Technikmuseum? Das muss Ihnen nicht peinlich sein. Viele Menschen horten ihren ersten Laptop, das vorletzte Druckermodell und die Spiegelreflexkamera aus den 1980er Jahren. Das Problem ist nur: High-Tech-Geräte veralten unheimlich schnell. Die neueste Entwicklung von heute kann schon in drei Monaten nahezu wertlos sein. Und so türmt sich Ihre ausrangierte Technik samt Zubehör, Gebrauchsanleitung und Originalverpackung (vielleicht muss man das Gerät ja mal wegschicken) zu immer höheren Stapeln. Einfach wegwerfen? Das lässt Ihr Schweinehund nicht zu. Dafür waren die Geräte doch viel zu teuer. Und schließlich haben Sie sich damals

DIE KREMPELGRENZE

Info

Ob ein Gegenstand Gerümpel ist oder nicht, liegt nicht im Gegenstand selbst begründet. Auf »das Ding an sich« kommt es nicht an, sondern auf »das Ding für uns«. Das heißt: unsere Sichtweise darauf. Jeder Mensch hat also seine ganz persönliche »Krempelgrenze«.

Dazu ein Beispiel: In vielen Städten gibt es französische oder griechische Restaurants, die bis unter die Decke voll gestopft sind mit historischen Menükarten, defekten Musikinstrumenten, Lithographien, leeren Nobelweinflaschen und Kerzenleuchtern. An der Decke hängen Fischernetze mit Meeresfrüchten aus Pappmaché. »Wie gemütlich – und so authentisch!«, finden die Gäste, die gerne dorthin gehen. »Entsetzlich voll gestopft und eng« finden es andere. Es sind jene, die kühlen Chic bevorzugen: große, durchgestylte Restaurants, die so frei sind von Dekoration, dass die Schritte der Bedienung durch den Raum hallen. »Wie großzügig und elegant«, loben die einen, während die anderen es »kalt und ungemütlich« finden.

13

stundenlang informiert, um wirklich nur das Beste vom Besten zu kaufen.

Technische Spielereien

Die Industrie bringt jährlich Hunderte von technischen Geräten auf den Markt, die uns das Leben leichter machen sollen, abwechslungsreicher oder luxuriöser. Da gibt es die Tischbratpfanne mit Stromanschluss, mit der man Speisen vor den Augen der Gäste zubereiten kann (ungemütlich im Stehen, während man die Tischdecke und die Kleidung der Anwesenden mit Fettspritzern übersät). Oder die kleine Lampe, die man direkt in die Steckdose stecken kann (wie unpraktisch, wenn die Steckdosen alle auf Wadenhöhe angebracht sind). Ihr Schweinehund liebt diesen Schnickschnack, so wie er alles liebt, was angenehme Gefühle verspricht.

Zivilisationsmüll

Seit Jahrzehnten gibt es Senfgläser, die man nach Verzehr des Senfs als Saftglas weiterbenutzen kann. Es gibt Speiseeis- und Joghurt-Verpackungen, die sich nach dem Genuss als Vorratsdose verwenden lassen. Und in vielen Kaufhäusern bekommt man bunte Plastiktüten, um die erworbenen Gegenstände nach Hause zu tragen. Das führt dazu, dass halbe Küchen mit solchen Dingen voll gemüllt sind. »Das ist doch viel zu schade zum Wegwerfen«, meint Ihr Schweinehund, weil er Ihnen beim Sparen helfen will.

Dinge von anderen

Wenn Sie einen großen Dachboden haben, kennen Sie das: Sie bewahren den gesamten Hausstand Ihrer Tochter auf, während diese im Ausland arbeitet. Oder Sie stellen das Babyzimmer des Nachbarjungen unter. Und schon nach kurzer Zeit schlagen die Dinge bei Ihnen Wurzeln. Noch schlimmer ist es, wenn Sie sich von Ihrem Partner oder Ihrer Partnerin getrennt haben, aber deren Bücher und Kleider immer noch in Ihrer Wohnung herumstehen. Natürlich könnten Sie das Zeug auch – nach Rücksprache – auf den Sperrmüll stellen oder einfach zurückgeben. Aber Ihr Schweinehund sabotiert diese Idee: Schließlich könnte es zu Konflikten mit den Eigentümern kommen. Und nichts scheut der Schweinehund mehr als Ärger.

Post

Sie bringt Ihnen jeden Tag Stapel von Papier ins Haus: die Post. Die Bezeichnung »Postwurfsendung« ist ganz treffend, denn vieles davon kann man ungesehen ins Altpapier werfen. Etliches landet aber auch auf oder neben Ihrem Schreibtisch, weil Sie sich in einer ruhigen Minute eingehender damit befassen wollen: Das sind Prospekte aller Art und Fachzeitschriften. Je mehr Sie für das Abonnement bezahlen, desto mehr wehrt sich Ihr Schweinehund dagegen, diese vermeintlich wichtigen Informationen ungelesen in den Abfalleimer zu befördern.

Spam

Wer jeden Tag per E-Mail zahllose Angebote für Potenzmittel, gefälschte Nobeluhren und dubiose Aktien bekommt, kennt das Problem. So stecken in Ihrem Posteingang schnell 500 elektronische Nachrichten. Sie einfach komplett zu löschen lässt Ihr Schweinehund nicht zu. Denn vielleicht versteckt sich irgendwo ja doch noch eine wichtige Nachricht?

Seelischer Ballast

Nicht sofort sichtbar, aber doch schwer wiegend ist der seelische Ballast, den Sie mit sich herumschleppen: ungelöste Streitigkeiten, nicht verziehene Schuld, Ärger und Groll. Oder Ihre Lust am Kritisieren, Verurteilen und Jammern. Weil Ihnen dieser Ballast die Lust am Leben nimmt, werden wir uns ihm später mit besonderer Vorsicht und Gründlichkeit nähern – und dann schauen, warum Ihr Schweinehund so sehr daran festhält.

Energieräuber

Auch andere Menschen können belastend sein: Sie stehlen Ihre Zeit, besetzen Ihre Gedanken und liegen Ihnen womöglich auch noch auf der Tasche. Dass Sie solche Kontakte nicht einfach abbrechen, geht wieder einmal auf das Konto Ihres Schweinehunds: Er möchte Sie vor den unangenehmen Gefühlen bewahren, die ein Bruch mit einem Menschen zwangsläufig mit sich bringt.

Ich mag Müll

Als Ihr persönlicher Schweinehund sorge ich dafür, dass Sie eine gemütliche Wohnung haben. Und das heißt für mich: Es darf nicht zu leer und zu sauber sein. Sonst sieht es ja aus wie in einem Operationssaal! Nein: Ein bisschen Kram, ein bisschen Müll muss einfach sein. Das hat außerdem den Vorteil, dass Sie nicht so viele Entscheidungen treffen müssen. Stellen Sie sich die Frage: »Wegwerfen oder nicht?«, dann plädiere ich immer für: »Erst einmal liegen lassen.« Sie müssen sich auch mit niemandem streiten, wenn Sie die gut gemeinten Mitbringsel Ihrer Schwiegermutter einfach annehmen und irgendwo hinstellen. Oder wenn Sie die ausrangierten Möbel Ihrer Tochter klaglos in eine Ecke quetschen. Sehen Sie: Wenn Sie Unordnung zulassen, dann brauchen Sie sich nicht anzustrengen. Und das Wörtchen »Nein!«, das meiner Erfahrung nach immer nur Ärger einbringt, müssen Sie auch nicht verwenden. Wir können uns einfach gemeinsam aufs Sofa setzen, den Fernseher einschalten und die Unordnung ganz und gar übersehen.

DER GROSSE KREMPEL-CHECK

Blicken Sie Ihrem Krempel ins Auge. Wo steckt er? Wie viel ist es überhaupt? Nehmen Sie einen Stift zur Hand und kreuzen Sie jeweils die Aussage an, die am besten auf Sie zutrifft.

1. IHRE WOHNUNG

Schlafzimmer
- Manchmal bricht das Chaos aus .... b
- Bett und Schrank, sonst nichts c
- Wäsche und Sportgeräte liegen
  überall herum .... a

Kleiderschrank
- Ich nutze den Platz gar nicht ganz .... b
- Keine Ahnung, was da drin ist .... a
- Ich habe nur Sachen, die mir passen
  und gefallen c

Wohnzimmer
- Hier steht alles an seinem Platz c
- Eigentlich ist der Raum nicht zu erkennen,
  deswegen sitzen wir lieber in der Küche .... a
- Einmal pro Woche mache ich »klar Schiff« ..... b

Flur
- Ich wundere mich, dass die Garderobe
  nicht zusammenbricht .... a
- Es ist schön, hier nach Hause zu kommen c
- Schuhe und Schirme werden regelmäßig
  eingesammelt und verstaut .... b

Küche
- Unsere Küche ist so zweckmäßig eingerichtet, dass das Kochen eine Freude ist c
- Weil das Geschirr immer schmutzig ist,
  bestellen wir dauernd Pizza .... a
- Beim Kochen bricht das Chaos aus,
  anschließend wird aufgeräumt .... b

Kinderzimmer
- Manchmal muss ich für die Kinder aufräumen ... b
- Da ist gar kein Durchkommen mehr .... a
- Die Kinder können selbst aufräumen, weil
  wir das Spielzeug gut organisiert haben c

Keller
- Tür auf, Gerümpel rein, Tür zu .... a
- Manchmal bringen wir etwas zum Sperrmüll .. b
- Im Kellerregal ist alles gut sortiert c

Dachboden
- Alle paar Jahre wird entrümpelt .... b
- Hier steht nichts Überflüssiges c
- Es graust mich, dort hinaufzusteigen .... a

Garten
- Ein gefährlicher Dschungel .... a
- Eine Augenweide c
- Wir halten ihn mühsam im Zaum .... b

2. IHR BÜRO/ARBEITSZIMMER

Wie sieht Ihr Schreibtisch aus?
- Mein Schreibtisch ist leer c
- Papierstapel, so weit das Auge reicht .... a
- Nicht »geleckt«, aber ich finde alles .... b

Wie füttern Sie Ihren Papierkorb?
- Er bekommt fast jeden Tag Futter .... b
- Eher selten. Die meisten Unterlagen
  brauche ich noch .... a
- Jeden Abend ist er voll c

Wie ist Ihr Computer organisiert?
- Das meiste finde ich auf Anhieb .... b
- Gar nicht. Ich suche oft nach Dateien .... a
- Jedes Projekt hat seinen Ordner c

Was steht auf Ihrem Fußboden?
- Noch mehr Papierstapel .... a
- Nichts c
- Hin und wieder Bücherstapel oder Kisten ...... b

3. IHR KAUFVERHALTEN

Wie organisieren Sie Ihren Einkauf?
- Nie ohne meinen Einkaufszettel c
- Einen ungefähren Plan habe ich im Kopf .... b
- Ich gehe los und nehme das Erstbeste .... a

Wie gehen Sie mit Ihren Vorräten um?
- Ich überblicke kaum, was ich habe .... a
- Meine Vorratskammer ist gut organisiert c
- Meistens verbrauche ich meine Vorräte,
  bevor das Haltbarkeitsdatum abläuft .... b

Wie reagieren Sie auf Sonderangebote?
- Ich überlege, ob ich es wirklich brauche .... b
- Bei Sonderangeboten halte ich mich
  grundsätzlich zurück c
- Ich schlage sofort zu .... a

Shoppen Sie im Internet?
- Ja, fast jeden Tag .... a
- Ich schaue mir gerne die Online-Shops an,
  bestelle aber nur gelegentlich etwas .... b
- Nur, wenn ich mir den Kauf gut
  überlegt habe c

**Wie reagieren Sie auf die Angebote von
Kaffeeröstern und Discountern?**
- Ich schaue mir die Angebote gar nicht an c
- Ich gehe jede Woche hin und kaufe etwas ..... a
- Manchmal brauche ich etwas wirklich,
  dann kaufe ich es auch .... b

4. IHRE SACHEN UND SIE

Welche Beziehung haben Sie zu Ihren Sachen?
- Manches ist mir sehr wichtig .... b
- Ich kann mich von nichts trennen .... a
- Es sind doch nur Sachen c

Was tun Sie mit defekten Dingen?
- Nach einer Weile bringe ich sie
  zur Reparatur .... b
- Ich bringe die kaputten Gegenstände
  sofort in Ordnung c
- Stehen lassen, bis jemand anderes
  sie repariert .... a

Wie arbeiten Sie am liebsten?
- Alles muss an seinem Platz liegen c
- In kreativem Chaos .... a
- Immer noch so, dass ich alles finde .... b

Fühlen Sie sich häufig überfordert?
- Manchmal sehe ich kein Land mehr .... b
- Nein, ich lasse mich nicht unterkriegen c
- Ja, eigentlich immer .... a

Nehmen Sie häufig neue Dinge in Angriff?
- Ja, ich starte regelmäßig neue Projekte c
- Manchmal schaffe ich das .... b
- Nein, dazu komme ich gar nicht .... a

AUSWERTUNG
Haben Sie am häufigsten a, b oder c angekreuzt?

a) Freuen Sie sich auf Ihren Erfolg
Ihr Schweinehund hat Sie total im Griff. Sie
haben wenig Freiraum und noch weniger neue
Ideen. Ihr Gerümpel scheint Sie zu dominieren.
Aber das ist kein Grund zum Verzweifeln! Sie
haben die größten Optimierungsmöglichkeiten
und werden auch am schnellsten Erfolge erzielen. Fragen Sie Ihren Schweinehund, warum er
Ihnen das zumutet. Vielleicht überfordern Sie
sich, und er möchte Ihnen kurzfristig eine
Atempause verschaffen? Dann ist es am wichtigsten, auf den Schweinehund zu hören und
am Anfang langsam vorzugehen. Wie das geht,
erfahren Sie in Kapitel 3.

b) Sie sind auf dem richtigen Weg
Mal gewinnen Sie die Oberhand, mal Ihr
Schweinehund – aber die Grundrichtung
stimmt. Auch wenn Sie noch nicht so richtig
in Balance leben und sich ordnungsmäßig
immer wieder mal gehen lassen, um sich
anschließend dann doch am Riemen zu reißen.
Finden Sie heraus, wo die Unordnungsherde
in Ihrem Leben sind – und wo Sie andererseits
schon ganz erfolgreich sind. Die Tipps in
Kapitel 3 und 4 werden Ihnen dabei helfen.

c) Sie haben es schon fast geschafft
Herzlichen Glückwunsch: Sie kooperieren
bereits mit Ihrem Schweinehund. Sonderangebote oder Ärger bringen Sie kaum noch
aus der Ruhe. Nur ab und zu gewinnt Ihr
kleiner Begleiter noch sehr subtil die Oberhand – beim Posteingangsordner Ihres E-Mail-
Programms mit 236 unsortierten Nachrichten
etwa oder dem ungeklärten Thema Gehalts-
erhöhung. Für Sie kann der Raum-für-Raum-
Fahrplan (siehe S. 150) ein praktisches Hilfs-
mittel sein, mit dem Ihnen Ordnung halten
noch leichter fällt.

Entrümpeln –
warum eigentlich?

Gerümpel steht nicht einfach nur harmlos herum. Nein, es wirkt unmittelbar auf Ihre Psyche: Es macht traurig und nagt an Ihrem Selbstbewusstsein. Es kostet mehr Zeit und Geld, als Sie gedacht haben. Es hindert Sie daran, begonnene Projekte abzuschließen und neue Ideen umzusetzen. Gründe genug, dem Krempel endlich den Garaus zu machen. Aber immer sachte und vorsichtig: Sonst knurrt der Schweinehund und macht Ihnen einen Strich durch Ihre schönen Aufräumpläne.

Der Raum als Spiegel der Seele

Kennen Sie das: Sie raffen sich endlich auf, Ordnung zu schaffen, und fühlen sich danach auch selbst »aufgeräumt«? Oder: Sie können erst mit Ihrer Arbeit beginnen, wenn Sie den Schreibtisch einigermaßen in Ordnung gebracht haben? Es ist tatsächlich so: Aufräumen hat eine unmittelbar positive und befreiende Wirkung auf die Seele.

Haben und Sein

Auch wenn Ihre Räume ein Spiegel Ihrer Seele sind: Der Gedanke, dass Sie sind, was Sie haben, ist eindeutig zu kurz gegriffen. Sonst hätte die Werbung ja Recht, die Ihnen einreden will, dass Sie nur mit einem bestimmten Sportschuh ein »sportlicher Typ« sind. Und nur mit einem bestimmten Auto ein »erfolgreicher Typ«. Zum Glück stimmt das nicht. Sonst wären Sie ja plötzlich nicht mehr sportlich, wenn Sie andere Schuhe tragen. Und

nicht mehr erfolgreich, weil Sie mal Bahn fahren. Ihre Persönlichkeit hängt nicht von Ihrem Hab und Gut ab. Viele empfinden das anders, sie wollen mit ihrem Besitz »etwas darstellen«. Im Grunde macht sie das unfrei. Manche ziehen daraus den Schluss: Erst wenn ich gar nichts mehr habe, bin ich frei. Das funktioniert aber auch nicht. Denn eine strenge Askese kann die Kehrseite des heftigen Verlangens nach Besitz sein. Wer bewusst auf Genuss verzichtet, kreist in Gedanken mögli-

HAT DER KREMPEL SIE IM GRIFF?

Checkliste

Kreuzen Sie die Aussagen an, die auf Sie zutreffen. Überlegen Sie nicht zu lange und seien Sie ehrlich zu sich selbst. Diese Checkliste bietet Ihnen eine Menge Argumente, mit denen Sie Ihren Schweinehund überzeugen können: Entrümpeln lohnt sich wirklich!

○ Ich muss oft lange nach Dingen suchen.
○ Es graut mir davor, in den Keller zu gehen.
○ Meine Wohnung ist ziemlich dunkel, weil die Fenster kaum noch Licht durchlassen.
○ Ich kaufe regelmäßig neue Schränkchen und kleine Boxen, aber die Unordnung bleibt.
○ Aus Schränken purzeln mir Dinge entgegen.
○ Ich habe viele Sachen, die ich nie benutze.
○ Mein Dachboden ist voll, ich weiß aber nicht genau, was da eigentlich steht.

○ Ich kann wochenlang keinen Besuch empfangen, weil die Wohnung chaotisch aussieht.
○ Ich denke stundenlang über mich selbst nach und komme keinen Schritt weiter.
○ Mein/e Expartner/in geht mir einfach nicht aus dem Kopf, und das schon seit langer Zeit.
○ Eigentlich lebe ich gar nicht so, wie ich das gerne möchte.
○ In meiner Wohnung werde ich oft trübsinnig.
○ In meinem Kopf laufen immer wieder die gleichen Gedankenspiralen ab.
○ Ich habe oft das Gefühl, dass ich in meinem eigenen Leben nicht mehr durchblicke.
○ Ich habe so viele Kleidungsstücke, die mir zu eng sind, dass ich mich beim Öffnen meines Kleiderschranks immer schrecklich dick und unattraktiv fühle.

Bloß nicht ärgern!

Eine meiner Hauptaufgaben ist es, Sie vor unangenehmen Gefühlen zu bewahren. Ärger gehört unbedingt dazu. Ich kann es kaum ertragen, wenn Ihr Adrenalinspiegel steigt und Sie sprichwörtlich nur noch rotsehen. Wenn Sie also entrümpeln, um Ihren Ärger loszuwerden, brauchen Sie keinen Sabotageakt zu befürchten. Im Gegenteil: Ich unterstütze Sie gerne dabei. Denn danach sind Sie schön friedlich, und wir können wieder gemütlich auf dem Sofa sitzen. Oder ein Schaumbad nehmen. Oder einen Stadtbummel machen.

cherweise pausenlos um Verzicht und Entsagen. Es kommt also darauf an, die entspannte Mitte zu finden zwischen zu viel Gerümpel und zu viel Verzicht in Ihrem Leben. Wenn Sie diese Mitte gefunden haben, können Sie sicher sein, dass sich Ihr Schweinehund friedlich schlafen legt.

Entrümpeln hilft gegen Ärger

»Jede ärgerliche Aufregung ist eine Anregung«, ist Feng-Shui-Expertin Karen Kingston überzeugt. Sie meint damit: Selbst wenn Sie sich über eine Kleinigkeit aufregen, ist das eine Chance, die Sie für Ihr inneres Wachstum nutzen können. Stellen Sie sich also vor, eine gute Freundin hat sich mit Ihnen in einem Café verabredet. Sie kommt eine halbe Stunde zu spät und erklärt: »Ich brauchte endlich mal eine halbe Stunde für mich. Da habe ich mich erst mal hingesetzt und in Ruhe Tee getrunken.« Sie sind innerlich auf 180 – immerhin hatte sie den Wunsch, sich mit Ihnen zu treffen, und Sie haben sich extra Zeit dafür genommen. Im Café möchten Sie keine Szene machen, nehmen sich aber vor, später mit Ihrer Freundin Klartext zu reden: »Das kannst du nicht mit mir machen!« Aber was passiert jetzt: Sie sind wieder zu Hause, und Ihre Gedanken drehen sich unablässig um das unverschämte Verhalten Ihrer Freundin. Sie kommen nicht zur Ruhe, Ihre Wut treibt Sie durch die Wohnung, Sie können keinen klaren Gedanken mehr fassen.

Inneres und äußeres Gerümpel loslassen

Genau das könnte die richtige Verfassung sein, um auszumisten, findet Karen Kingston. Stürmen Sie also Ihren Kleiderschrank oder was auch immer und werfen Sie alles weg, was alt, schäbig oder schlicht überflüssig ist. Das, was Sie behalten wollen, bringen Sie in eine neue Ordnung. Sie werden sehen: Danach fühlen Sie sich viel ruhiger. Karen Kingston erklärt das so: »Der Akt des Loslassens von altem Plunder ermöglicht es einem gleichzeitig, seine blockierten Gefühle loszulassen.« Sie gewinnen Abstand von dem Vorfall, der Sie so in Wut versetzt hat. Vielleicht finden Sie eine neue Perspektive, aus der Sie die Sache betrachten können, oder Sie fassen einen Entschluss. Zum Beispiel: Beim nächsten Vorfall dieser Art versuchen Sie sofort, das Geschehen aufzuklären.

Blick in die Zukunft

Bei Ihrer äußeren und zugleich inneren Entrümpelungsaktion kann Ihnen eine mentale Reise in die Zukunft helfen. Fragen Sie sich: Werden Sie sich in zehn Jahren immer noch über das Verhalten Ihrer Freundin ärgern? Und für Ihre äußere Entrümpelungsaktion: Brauche ich diese Dinge noch in zehn Jahren? Aus dieser Perspektive fällt die Antwort leicht. Sie lautet meistens: »Nein.« Sie wissen dann genau, was Sie zu tun haben. Mit Ihrer Freundin versöhnen Sie sich, und Ihr Gerümpel stopfen Sie in Müllsäcke. Und sollte die Antwort »Ja« lauten, dann ist es genauso einfach: Sie treffen sich erst einmal nicht mehr mit Ihrer Freundin. Und für die Sachen, die Ihnen in zehn Jahren ganz bestimmt noch wichtig

LEIDEN SIE UNTER SEELENBALLAST?

Nehmen Sie bitte einen Stift zur Hand und haken Sie alle Aussagen ab, die auf Sie zutreffen. Je mehr Haken Sie setzen, desto wohltuender wirkt das Abwerfen von emotionalen Altlasten.

- ○ Ich liege oft nachts wach und grüble.
- ○ Immer wieder ertappe ich mich beim Lästern und Tratschen.
- ○ Ich kann mir meine eigenen Fehltritte überhaupt nicht verzeihen.
- ○ An den meisten Menschen habe ich etwas auszusetzen.
- ○ Ich habe mit vielen Menschen noch »eine Rechnung offen«.
- ○ Sobald etwas nicht nach Plan läuft, beschwere ich mich.
- ○ Ich lasse mir nichts gefallen.
- ○ Oft denke ich darüber nach, was in meiner Vergangenheit schief gelaufen ist.
- ○ Ich schäme mich manchmal dafür, dass ich ungepflegt aussehe.
- ○ An meinen Wänden hängen Fotos von meinem/r Expartner/in.
- ○ Ich ärgere mich ständig über irgendetwas.
- ○ In meinem Leben bewegt sich gar nichts.
- ○ Wenn es an der Tür klingelt, gerate ich in Panik wegen der chaotischen Wohnung.
- ○ Es fällt mir außerordentlich schwer, mich bei jemandem zu entschuldigen.

sind, entwerfen Sie ein besonders schönes Ordnungssystem. Wie Sie dabei vorgehen können, erfahren Sie in Kapitel 3.

Das Gerümpel in Schach halten

Innerer und äußerer Krempel hält Sie in Schach, wenn Sie den Spieß nicht rechtzeitig umdrehen. Er besetzt Ihre Wohnung und Ihre Gedanken. Und Sie müssen unheimlich viel Zeit damit verbringen, den ganzen Kram immer wieder neu zu organisieren, auf- und umzuräumen, hin- und herzuschichten, abzustauben, zu putzen und zu reparieren. Wenn Sie entrümpeln, sparen Sie sich diese ganze Arbeit. Sie ergibt ohnehin nicht so viel Sinn. Ihr Schweinehund hat aber Spaß daran. Er vergräbt sich gern in alten Sachen, weil sie ihm vertraut und gemütlich erscheinen. Und lieber lebt er in dunklem Muff und verbaut sich die Sicht auf ein befreites, schöneres Leben, als sich von seinem Gerümpel zu trennen.

Schluss mit der Organisitis

Wenn Sie über eine Menge Platz und über viel Organisationstalent verfügen,

fällt es Ihnen vermutlich nicht schwer, Hunderte von überflüssigen Dingen unterzubringen. Auf dem Dachboden verstauen Sie eine große Anzahl von Kisten, Kästen, Truhen und ausrangierten Kleider- und Küchenschränken und im Keller noch einmal viele Regale. Wenn Sie in einer Altbauwohnung mit sehr hohen Räumen leben, lassen sich sogar Zwischendecken für Kisten, Kästen und Ordner einziehen. Und diese wertvolle Staufläche können Sie dann nach Herzenslust voll stopfen mit – Gerümpel. Das Organisieren Ihres Krempels hält Sie möglicherweise davon ab, etwas ganz anderes zu tun. Etwas, das wirklich wichtig für Sie wäre. Und das Ihnen viel mehr Spaß machen würde.

Einfach abschaffen

Heute sind viele Dinge sehr klein, die früher
sehr groß waren: Denken Sie nur an die Lexi-
ka mit Goldschnitt, die bei Ihren Eltern im
Wohnzimmerschrank prangten. Heute füllt
dieses Wissen nur noch eine CD-ROM. Oder
erinnern Sie sich an den riesigen Schrank,
der die Schallplattensammlung Ihres Großvaters beherbergte. Heute können Sie so viel
Musik auf ein winziges elektronisches Gerät
laden. Ganz nüchtern gesehen ist es also
nicht notwendig, dass Sie Ihre Wohnung
weiterhin mit historischen Medien blockieren. Apropos Medien: Viele Informationen
müssen Sie heute nicht mehr ordentlich sortiert griffbereit haben – sie sind jederzeit im
Internet zugänglich: etwa Fahrpläne, Telefon-
nummern und Postleitzahlen.

Leihen statt kaufen

In vielen Kellern lagern Sportgeräte aller Art,
die einmal für sehr viel Geld angeschafft
wurden. Oft ist die Technik längst überholt,
die Geräte sind außerdem schlecht gewartet
und damit ziemlich gefährlich. Der Transport in den Urlaub ist relativ zeitaufwändig
und umständlich. Wenn Sie mit dem Flugzeug reisen, müssen Sie sogar viel Geld für
Übergepäck zahlen. Warum leihen Sie sich
nicht Rennrad, Ski und Surfbrett vor Ort?
Kosten für die Anschaffung, Reparatur,
Transport und Entsorgung fallen nicht an.
Wenn Sie für Monate verreisen, können Sie

Gerümpel für mein Ego

*Es fällt mir sehr schwer, auf meine
sorgfältig ausgewählten Markenski zu
verzichten. Oder auf das extra schnit-
tige Surfbrett. Oder auf meine 300 CDs
und Schallplatten. Denn all das brauche ich für mein Ego. Diese Dinge zeigen, was mir wichtig ist im Leben. Sie
sind ein Beweis dafür, dass ich es mir
leisten kann und Geschmack habe.
Was bin ich denn ohne meine Sachen?*

vor Ort auch ein gebrauchtes Fahrrad oder
Zelt kaufen und vor der Abreise wieder ver-
äußern. Auch das ist billiger als ein neues Teil,
als Lagerung, Transport, Reparatur und Entsorgung. Ganz zu schweigen davon, dass Sie
all die Gerätschaften bei jedem Umzug ein-
packen, transportieren und wieder auspacken
müssen. Auch das kostet Zeit und Platz im
Transporter, und Zeit und Platz kosten Geld.

Ewiges Putzen

Oftmals haben wir tatsächlich wieder mehr Durchblick, wenn wir die Fenster geputzt haben. Wir fühlen uns innerlich erfrischt, wenn die Wohnung gesaugt oder das Bad gereinigt ist. Zu schade, dass der Schweinehund uns dabei so oft in die Parade fährt. Das Saubermachen ist ihm einfach zu viel Arbeit. Manchmal treibt er seinen Menschen aber auch zum Putzen, um ihn von etwas anderem abzulenken. Ein Beispiel: Es gibt Menschen, die ständig ihre Wohnung auf Vordermann bringen. Tag und Nacht. Kann eine Wohnung jemals so schmutzig sein, dass man derartig viel Zeit für ihre Reinigung aufbringen muss? Natürlich nicht. Warum sie es dennoch tun, darüber lässt sich nur spekulieren.

Vielleicht gibt es etwas in Ihrem »emotionalen Haushalt«, das sich »schmutzig« anfühlt? Das lässt sich mit dem Putzen Ihrer Wohnung offenbar nicht bereinigen, sosehr Sie auch saugen, feudeln und wienern. Ihr

Übung

MACHEN SIE SICH EIN BILD

Es ist gar nicht so einfach, das eigene Gerümpel mit ungetrübtem Blick wahrzunehmen. Wie viel ist es überhaupt? Wo steckt es? Wo quillt es bereits heraus? Um ein objektives Bild vom Ausmaß Ihrer ganz persönlichen Krempel-Misere zu bekommen, können Sie »Objektive« nutzen: Zum Beispiel das an Ihrem Fotoapparat oder an Ihrer Videokamera.

Nehmen Sie jetzt – ohne also vorher aufzuräumen – eine Kamera und durchstreifen Sie damit Ihre Wohnung. Halten Sie das Gerümpel hinter Ihren Türen fest, unter Ihren Tischen, neben Ihrem Sofa, in Ihrer Garage und auf Ihrem Dachboden. Wenn Sie es nicht ertragen, blicken Sie gar nicht durch den Sucher, sondern halten Sie einfach drauf.

Und dann schauen Sie sich Ihre Bilder in Ruhe an. Vielleicht entdecken Sie Gegenstände, die Sie schon lange gesucht haben? Prima. Und jetzt weiter: Was schreit danach, weggeworfen zu werden? Oder verkauft? Oder verschenkt? Was gehört vielleicht gar nicht Ihnen, sondern hat nur bei Ihnen Wurzeln geschlagen? Bringen Sie die Fotos in eine Reihenfolge. Was möchten Sie zuerst entrümpeln? Was danach?

Um Ihren Schweinehund zu motivieren, können Sie ein Vorher-Nachher-Album anlegen. Kleben Sie dazu die Fotos in der von Ihnen festgelegten Reihenfolge in ein Heft. Lassen Sie jeweils rechts von jedem Vorher-Foto so viel Platz, dass Sie später ein Nachher-Foto dazukleben können.

Schweinehund findet es wahrscheinlich erträglicher, sich mit dem äußeren Schmutz zu befassen, als nach innen zu schauen. Wenn Menschen zwanghaft putzen, sind Sie oftmals auch nur mit Hilfe eines Therapeuten in der Lage, das innere »schmutzige Gefühl« näher zu betrachten und schließlich zu bereinigen. Es ist auch möglich, dass der innere Schweinehund uns dazu bringt, das überflüssige Gerümpel in unserer Wohnung immer wieder auf Hochglanz zu bringen. Warum? Weil er sich vor der Entscheidung fürchtet, den Plunder einfach wegzuwerfen.

Krempel ist Luxus

Eigentlich völlig einleuchtend: Wer wenig besitzt, hat mehr Zeit. Das Putzen geht schneller, weil man beim Saugen des Bodens weniger Teile hochheben und beim Staubwischen weniger Teile abputzen muss. Man muss weniger aufräumen und weniger suchen. Die Feng-Shui-Beraterin und Designerin Rita Pohle hatte die Idee, den Preis für eine tägliche Suchaktion von 5 Minuten auszurechnen: Sie kommt auf 1825 Minuten Suchzeit im Jahr, also gut 30 Stunden. Das ist fast eine komplette Arbeitswoche. Wie viel verdienen Sie im Monat? Dann wissen Sie ja, was Sie der Spaß kostet. Sie können sich auch ausrechnen, wie viele Urlaubstage diesen Stunden entsprechen. Tut Ihnen das weh? Gut so. Ihr Schweinehund hat es zwar gerne

gemütlich-unordentlich, aber seinen Urlaub will er auf keinen Fall für so etwas Überflüssiges wie Sucherei verschwenden.

Sammlungen

Stellen Sie sich eine alte Dame vor, die nur ein sehr kleines Monatsbudget hat. Dennoch leistet sie sich ein ganzes Zimmer für ihre Engelsfiguren. Und einen sehr großen Dachboden für ihre Puppensammlung. Ihre Küche ziert eine Anhäufung von verschiedenen Erdbeermotiven sowie eine weitere Sammlung von Rehen. Sie selbst lebt in einer bescheidenen Ecke ihres Schlafzimmers, in die sie einen Sessel gerückt hat. Besuch empfängt sie ungern, und wenn sich doch einmal jemand in ihre Wohnung verirrt, entschuldigt sie sich pausenlos für die Unordnung.
So tragisch muss es aber nicht immer sein. Das Beispiel soll Ihnen lediglich zeigen, wie schmal der Grat ist zwischen einer bereichernden Sammelleidenschaft und dem Hang zum Krempel-Anhäufen. Für eine wertvolle Münz- oder Briefmarkensammlung braucht man nicht viel Platz. Echte Gerümpel-Sammlerinnen und -Sammler aber scheinen keine Kosten für zusätzliche Quadratmeter zu scheuen. Sie mieten große Wohnungen, zusätzliche Garagen oder Depots, schaffen teure Vitrinen an und Alarmanlagen, um ihre teuren Schätze zu sichern. Dass sie sich damit oft selbst einsperren, scheinen sie überhaupt nicht zu bemerken.

STAURAUM-KOSTEN

Prüfen Sie jeden Ihrer Räume und schätzen Sie, wie viele Quadratmeter jeweils von Gerümpel belegt sind.

Nehmen Sie alles, was Sie seit zwölf Monaten nicht benutzt haben oder was Sie schon immer »irgendwann einmal« ausmisten wollten. Tragen Sie mit einem Stift die Quadratmeter-Zahlen hier ein. Für Regale, Schränke oder Ähnliches, die vor allem mit Gerümpel gefüllt sind, rechnen Sie die Stellfläche.

1. Flur .... ____ m²
2. Wohnzimmer.................... ____ m²
3. Küche .... ____ m²
4. Schlafzimmer.................. ____ m²
5. Kinderzimmer .... ____ m²
6. Arbeitszimmer .... ____ m²
7. Badezimmer.................... ____ m²
8. Keller............................ ____ m²
9. Abstellkammer................ ____ m²
10. Garage .... ____ m²
11. Dachboden .... ____ m²
12. _____ ____ m²
13. _____ ____ m²

Summe............................. ____ m²

Was kostet Ihre Wohnung pro Quadratmeter? Dann wissen Sie ja jetzt, wie viel Ihnen Ihr Gerümpel wert ist.

Teure Sonderangebote

Jede Woche schmücken Discounter und Kaffeeröster ihre Schaufenster mit neuen preisgünstigen Angeboten. Wenn Sie hier immer wieder zugreifen, um zu sparen, werfen Sie in Wahrheit viel Geld aus dem Fenster: Nicht nur, dass Sie vieles davon später überhaupt nicht brauchen werden. Nein, Sie müssen neben den Anschaffungskosten zusätzlich die Stellfläche dafür zahlen. Richtig teuer wird es, wenn Sie sich für eine ganze Stil-Welt begeistern. Dann richten Sie in diesem Jahr alles »mediterran« ein – mit passenden Tapeten, Vorhängen, Möbeln und Dekoration –, um im nächsten Jahr auf den »Kolonial-Stil« umzuschwenken und so weiter.

Wirklicher Luxus ist nicht käuflich

Überlegen Sie einmal, was für Sie wirklicher Luxus ist. Ist es tatsächlich die goldene Halskette aus dem Sonderangebot? Oder das extra-gleitfähige Bügeleisen? Wenn Sie eine Weile darüber nachdenken, könnte es sein, dass Sie auf ganz andere Dinge kommen: Einen Sonntag lang Zeit haben. Gemütlich mit Freunden oder der Familie zusammensitzen. Den Sonnenuntergang beobachten. In den Sternenhimmel schauen. Ein Bad nehmen. Mit Ihren Kindern spielen. Musik hören. Einen Spaziergang mit Ihrem oder Ihrer Liebsten machen. Oder einfach mal ausschlafen. Das alles ist zum Glück »unbezahlbar«.

WAS SONDERANGEBOTE KOSTEN

Wenn Sie anfällig sind für Sonderangebote, machen Sie doch einmal die Probe aufs Exempel und führen Sie vier Wochen lang Buch über alle Sonderangebote, die Sie erworben haben. Schreiben Sie auf, wie viel Sie dafür gezahlt haben und wie Sie den Gegenstand nutzen. Unten finden Sie ein Beispiel dafür, wie Sie Ihre Liste anlegen könnten. Überschlagen Sie, wie viel Geld Sie vergangenen Monat für überflüssige Sonderangebote ausgegeben haben – dann ist der erste Schritt bereits geschafft.

Wenn Sie Ihren inneren Schweinehund beim Entrümpeln mit ins Boot holen wollen, hilft es, Ihre Ergebnisse zu notieren. So sehen Sie die Situation realistisch.

Datum	Gegenstand	Preis	Praktischer Nutzen	Gut investiert?
12.5.	Lampe, die man in die Steckdose stecken kann.	14,– Euro	Lampe wackelt, habe keinen guten Ort dafür gefunden.	Nein
18.5.	2 Packungen à 10 Verschlussclips aus Plastik.	6,– Euro	Praktisch, nehmen aber im Schrank viel Platz weg.	10 Stück hätten auch gereicht.
19.5.	Haarspangen in besonders schönem Rot.	5,– Euro	Halten gar nicht in meiner Frisur.	Nein
21.5.	Mini-Fritteuse	24,– Euro	Eigentlich mag ich gar keine frittierten Speisen.	Nein
Summe	**5 Produkte/Packungen**	**49,– Euro**	**Fast kein Nutzen**	**Nein**

Kreativität braucht Ordnung und Freiraum

Stellen Sie sich vor, Sie möchten ein Bild malen. Wo würden Sie das lieber tun: In einer engen, dunklen Kammer, die voll gestopft ist mit Farben, alten Pinseln und Leinwänden? Oder in einem großen, lichtdurchfluteten Atelier mit weißen Wänden, ordentlich sortierten Farben und sauberem Werkzeug? Wenn Sie nicht gerne malen, stellen Sie sich vielleicht vor, ein Buch zu schreiben. Wo sollte Ihr Schreibtisch stehen? Mit Blick durch vertrocknete Zimmerpflanzen auf eine gegenüberliegende Hauswand? Oder mit Blick auf eine weite Landschaft – oder sogar auf das Meer? Wie sollte Ihr Schreibtisch aussehen: dick bestapelt mit Papierhaufen und übersät mit Bleistiftstummeln? Oder leer und übersichtlich, mit gut funktionierenden Schreibutensilien? Sie merken schon, worum es geht.

Die Rede vom »kreativen Chaos« kann missverständlich sein. Natürlich können Sie im Eifer des Gefechts eine kreative Unordnung anrichten – das ist völlig in Ordnung. Aber es ist gut möglich, dass Sie Ihre Gedanken nicht frei fließen lassen können, wenn Sie permanent in totalem Chaos stecken. Fraglich ist auch, ob Sie professionell und zuverlässig arbeiten können, wenn ständig etwas in Ihren Papierstapeln verschwindet.

Großzügige Räume

Entrümpelte Zimmer wirken ungemein großzügig. Das beeinflusst direkt das Lebensgefühl. Ein Beispiel: Eine Familie ist in eine große Altbauwohnung umgezogen und nutzte das zu einer gründlichen Entrümpelungsaktion. Jetzt stehen in jedem Raum wenige, geschmackvoll ausgesuchte Dinge. An den Wänden und Fenstern hängt nur wenig Dekoration. Nur kurze Zeit nach dem Umzug schloss der junge Familienvater endlich seine Doktorarbeit ab. Die Mutter begann mit

SCHREIBTISCH-TYPEN

Cary Cooper, Professor für Organisationspsychologie an der Universität Lancaster, hat Hunderte von Fotos ausgewertet, die Schreibtische von Angestellten aus ganz Europa zeigen.

Er arbeitete fünf Typen heraus:

Ordnungsfanatiker haben perfekt aufgeräumt, sind zuverlässig und zeigen ungern Emotionen.

Konsequente Familienmenschen umgeben sich mit privaten Fotos, sind loyal, gelegentlich aber konfliktscheu.

Designverliebte Leader schätzen modernstes Design und neueste Technik, sind zielstrebig und professionell, zeigen wenig Emotionen.

Büro-Animateure indes umgeben sich mit buntem Schnickschnack, können den Teamgeist fördern, werden oft nicht ernst genommen.

Chaosbeherrschende Genies horten hohe Papierstapel, sind spontan, möglicherweise aber auch unzuverlässig und verunsichert.

Laut einer Umfrage bevorzugen 70 Prozent aller Top-Manager Mitarbeiter mit aufgeräumten Schreibtischen. 55 Prozent schließen sogar von einem chaotischen Schreibtisch auf eine unzuverlässige Arbeitsweise des Mitarbeiters (Studie »What your desk says about you« vom Juni 2003, www.lums.lancs.ac.uk/profiles/304/).

Yoga – wovon sie gesundheitlich enorm profitierte. In ihrem Job startete sie neue Projekte und fand außerdem noch Zeit, regelmäßig Freunde einzuladen.

Gerümpel und »clutter«

Im der englischen Sprache steht das Wort »clutter« für Unordnung, Gerümpel, Krempel. Es ist verwandt mit dem älteren Wort »clotter« – und das bedeutet »Gerinnen«. Feng-Shui-Beraterin Karen Kingston befasst sich ausgiebig mit dem Fließen von »Energie« in Wohnungen. Sie schließt aus dieser Wortverwandtschaft, dass Gerümpel so etwas ist wie aufgestaute Energie. Kommt Ihre Energie ins Stocken, sammeln Sie automatisch Krempel an. Und je mehr Kram Sie ansammeln, desto mehr stagniert Ihre Energie.

Ballast abwerfen und durchstarten

Sie sehen: All das Gerümpel hält Sie auch fest in Ihrem unaufgeräumten emotionalen Haushalt. Es blockiert Sie auf Schritt und Tritt, indem es Sie pausenlos beschäftigt: Lassen Sie es nicht zu, dass der Krempel Sie in Schach hält. Wer zahlt schließlich die Miete? Oder den Kredit? Das sind Sie. Lassen Sie sich Ihren Freiraum nicht wegnehmen von Ihren wild wuchernden Sachen. Es sind nur Dinge. Sagen Sie sich diesen Satz laut vor, während Sie entrümpeln und Ordnung schaffen. »Es sind nur Sachen.« Werden Sie dabei ruhig auch laut: »Ihr seid nur Sachen! Ich wohne hier, und ich bestimme, wer hier wie viel Platz haben darf!«

Diese Sätze werden auch ihre Wirkung auf Ihren Schweinehund nicht verfehlen. Er ist es doch, der es mit der Angst zu tun bekommt, wenn Sie Tante Käthes Stickbilder entsorgen wollen. Die Gegenstände werden Ihnen nicht böse sein, wenn Sie nicht mehr in Ihrem Wohnzimmer sein dürfen. Sie werden sehen: Ihre emotionalen Verstrickungen mit Tante Käthe lösen sich möglicherweise auch, wenn Sie sich von ihrem Plunder trennen. Mehr dazu erfahren Sie in Kapitel 4.

Befreien Sie Ihre Seele

Gerümpel blockiert auch Ihren inneren »Haushalt«. Wenn Sie Ihren Schweinehund davon überzeugen können, den Krempel gemeinsam fortzuschaffen, wird Ihnen auch Ballast von der Seele genommen. Doch auch das kann manchmal ganz schön schwer fallen. Und genau deshalb schieben Sie die Entrümpelungsaktion immer wieder vor sich her. Wenn Sie nämlich Ballast abwerfen, werden Sie endlich frei dafür, Ihr eigenes Leben zu leben. Jetzt und hier.

Aufräumen macht zufrieden

Die meisten Menschen räumen nicht gerne auf. Wenn sie sich aber dazu aufraffen, fühlen sie sich anschließend sehr gut. Besonders deutlich wird das häufig im Urlaub. In Ferienhäusern oder auf Campingplätzen gibt es keine Spülmaschine. So haben Sie Gelegenheit, sich in der Kunst des Tellerstapelns zu üben – aber irgendwann müssen Sie einfach abwaschen. Und siehe da: Nachdem Sie Ihre Widerstände überwunden haben, finden Sie die Tätigkeit sehr entspannend.

Hausarbeit ist nicht nur Last

Wenn Sie sich mit dem Gedanken anfreunden, dass Sie allein durch Aufräumen etwas Gutes für sich tun, gehen Sie vielleicht mit weniger Unlustgefühlen an Ihre Hausarbeit: Sei es, dass Sie bügeln, Unterlagen sortieren oder Unkraut jäten. Sich dem Thema unter diesem Aspekt zu nähern ist auch innerhalb der Familie oder in Wohngemeinschaften sinnvoll. Denn dort ist das Thema Ordnung einer der Hauptgründe für ständige Streitereien. Doch das harmonische Zusammensein mit den Menschen, die uns am nächsten sind, ist eine der stärksten »Tankstellen« für unsere Seele. Und die Zeit, in der wir uns über Schmutz und Gerümpel streiten, ist verlorene Zeit.

Erleichtern statt beschweren

Manche Menschen beschweren sich laufend über Kleinigkeiten. Wenn ein Kellner sie im Restaurant nicht sofort bedient oder sie im Stau stecken bleiben. Und dabei sehen sie aus, als müssten sie die Last der ganzen Welt schultern. Probieren Sie es aus: Sie fühlen sich leichter, wenn Sie vieles leicht nehmen.

Loslassen macht Angst

Dinge wegzugeben erfordert Mut, denn es kann eine Menge Ängste hochspülen.

Die Angst, einsam zu sein: Wenn Sie sich von Ihrem Partner getrennt haben – oder verwitwet sind – und seine Sachen aus Ihrer Wohnung schaffen, müssen Sie der Realität ins Auge schauen. Sie sind nun allein. Das ist hart. Aber wenn Sie diese Situation akzeptieren, können Sie auch den Schritt in eine neue Beziehung schaffen.

Die Angst, sich eine Schuld einzugestehen: Sie haben jemandem Unrecht getan? Wenn Sie alle Dinge wegschaffen, die Sie daran erinnern, müssen Sie auch innerlich mit der Sache abschließen. Vielleicht haben Sie dann das Bedürfnis, endlich das klärende Gespräch zu führen. Das ist womöglich nicht angenehm. Aber es schafft die Sache wirklich aus der Welt.

Die Angst, sich mit Kränkungen auseinander zu setzen: Jemand hat Ihnen Unrecht getan? Wenn Sie endlich alles aus Ihrer Wohnung verbannen, was Sie daran erinnert, können Sie innerlich mit der Kränkung abschließen.

Die Angst, sich mit eigenem Versagen zu beschäftigen: Sie haben ein wichtiges Projekt aufgegeben? Räumen Sie alles weg, was Sie daran erinnert. Akzeptieren Sie es und schließen Sie die Sache ab. Oder nehmen Sie das Projekt erneut in Angriff. Dann aber richtig.

Die Vergangenheit loslassen

Stapelt sich überall in Ihrer Wohnung Gerümpel, das Sie an vergangene Zeiten erinnert? Dann haben Sie eine wirkungsvolle Methode entwickelt, an Ihrer Vergangenheit »festzukleben«. Ihr Schweinehund wird damit sehr zufrieden sein, denn solange Sie sich damit befassen, kann wenig Neues in Ihrem Leben geschehen. Und Sie wissen ja: Veränderungen findet der Schweinehund zunächst ziemlich anstrengend.

Sie bewahren die Modellautosammlung Ihres Partners auf, obwohl Sie schon Jahre nicht mehr zusammenleben. Ihre Wohnung sieht möglicherweise aus, als wäre die Zeit etwa 1985 stehen geblieben. Damals ging es Ihnen gut – und heute nicht mehr? Das mag sein, aber Sie leben in der Gegenwart. Wenn Sie möchten, dass sich Ihre Situation verbessert, müssen Sie die Vergangenheit loslassen, entrümpeln und nach vorne schauen.

Nehmen Sie sich Zeit

Das Entrümpeln bringt Emotionen an die Oberfläche, die zunächst sehr unangenehm sein können: Sie fühlen sich vielleicht traurig, ängstlich, einsam oder alt. Es ist schwierig, das auszuhalten. Deshalb sollten Sie Ihre Entrümpelungsaktion nicht übers Knie brechen. Nehmen Sie sich immer so viel vor, wie Sie gerade noch aushalten können. Ein paar Wochen später geht es vielleicht wieder besser, und Sie können die nächste Ecke in Angriff nehmen.

Schuld vergeben

Hier klingt vielleicht manchem gleich das Vaterunser im Ohr: »Wie auch wir vergeben unseren Schuldigern …« Sollen demzufolge nur diejenigen »vergeben«, die gläubig sind? Nein. Wenn Sie anderen verzeihen, tun Sie letztendlich etwas für sich selbst. Denn solange Sie nicht vergeben, bleiben Sie emotional an den gebunden, der Ihnen etwas Unrechtes angetan hat. Sie denken oft an den »Täter« oder die »Täterin«, ärgern sich oder sind traurig. Sie umkreisen die »böse« Handlung immer wieder in Gedanken. Dabei ist das reine Energieverschwendung. Befreiend und erleichternd ist es dagegen, dem anderen den Zwischenfall nachzusehen. Wenn Sie das tun, heißt das noch lange nicht, dass Sie dem anderen Recht geben oder auf Ihre Position verzichten. Aber Sie lösen sich von Ihrer Opferrolle und haken die Sache ab. Schwamm drüber. Das ist gar nicht so einfach. Wie genau das funktioniert und wie Sie auch eigene Schuld bereinigen können, betrachten wir in Kapitel 4.

Endlich gute Laune

Sobald Sie Gerümpel aus Ihrer Wohnung geschafft und Seelenballast abgeworfen haben, können erstaunliche Dinge geschehen: Sie gehen zum Beispiel nichts ahnend durch die Stadt, und plötzlich kommt Ihnen Ihre gesamte Umwelt viel sauberer vor. Viel heller, viel dreidimensionaler! Sie sehen die Umrisse klarer und haben plötzlich mehr »Durchblick«. Wenn Sie vor kurzem noch den Eindruck hatten, die ganze Stadt sei von hässlichen, schlecht gelaunten, graugesichtigen Zeitgenossen bevölkert, dann scheinen Ihnen jetzt plötzlich viele hübsche und freundliche Menschen zu begegnen. Der Grund ist einfach: Das, was Sie wahrnehmen, hängt meist von Ihrer Stimmung ab. Ein altes Sprichwort abwandelnd, könnte man sagen: »Wie Sie in die Welt schauen, so schaut sie zurück.«

Mehr Respekt

Es gibt eine weitere Wechselbeziehung, die für Sie interessant sein könnte: »Wie Sie sich selbst behandeln, so werden Sie von anderen Menschen behandelt.« Angenommen, Sie sehen eine alte Frau, die ein über und über bepacktes Fahrrad schiebt. Es ist so schwer mit Tüten behängt, dass man nicht mehr damit fahren und es nur noch mühsam schieben kann. Die Frau geht gebeugt und schlurfend. Sie macht einen sehr ungepflegten Eindruck, und so kann es sein, dass Sie kein großes Bedürfnis verspüren, sie kennen zu lernen. Karen Kingston formuliert den Zusammenhang wie folgt: »Wenn Sie sich gehen lassen und es zulassen, dass der Müll um Sie herum anwächst, könnte es durchaus sein, dass Sie Leute anziehen, die Sie auf irgendeine Weise schlecht behandeln, weil Sie das unbewusste Gefühl haben, das zu verdienen.«

Ordnung ist toll!

Ich wollte lange nicht wahrhaben, wie viel Unheil Gerümpel anrichten kann: Sei es der Kram in der realen Wohnung oder der Ballast im »emotionalen Haushalt«. Es kam mir immer viel leichter vor, sich mit dem Zeug einfach zu arrangieren, als es in Ordnung zu bringen. Aber die große Entrümpelungsaktion mit meinem Menschen hat mir gezeigt, dass das Leben ohne Krempel viel mehr Spaß macht. Sogar das Faulenzen auf dem Sofa ist schöner, wenn man die Staubflocken und die Unordnung nicht ständig ignorieren muss. Und wenn die Gedanken nicht immer wieder um längst vergangene Geschichten kreisen, fühlt sich das Leben viel leichter und lustiger an. Von Natur aus bin ich zwar sehr träge – aber ich muss zugeben: Das ist ein schönes Gefühl.

Umgekehrt könnte es sein, dass Sie jemanden treffen, der oder die innerlich aufgeräumt und beschwingt wirkt, sich geschmackvoll kleidet und in einer aufgeräumten Wohnung lebt, und automatisch einen Sympathie-Bonus vergeben.

Wie Entrümpeln im Körper wirkt

Dass äußeres Entrümpeln auch im Inneren Ordnung schafft, machen sich schon lange etwa Klöster zunutze. »Ora et labora« heißt es in christlichen Orden. Und die fernöstliche Lehre des Feng-Shui basiert auf der Annahme, dass in jeder Umgebung »natürliche Energieströme« fließen, die harmonisiert werden können. In jüngerer Zeit hat die Neuropsychologie zeigen können, warum einfache ordnende Tätigkeiten ein wirksames Mittel gegen Trübsal sind.

Die linke Hirnhälfte einschalten

Ihre beiden Gehirnhälften haben verschiedene Aufgaben: Nach allgemeiner Ansicht ist die linke Seite dafür zuständig, dass Sie Ziele erreichen und negative Gefühle kontrollieren können. Sind Sie »verstimmt«, kommen von dort kaum Signale. Sehr vereinfacht gesagt, erreichen Sie also nichts und werden auch noch von negativen Gefühlen überschwemmt.

Wenn Sie sich nun mühsam von Ihrem Sofa erheben und anfangen, ein bisschen sauber zu machen, schaltet sich die linke Gehirnhälfte wieder ein. Sie haben schließlich ein Ziel bestimmt: Aufräumen! Wenn Sie nur in einen kleinen Bereich Ordnung bringen wollen, dann können Sie dieses Ziel leicht erreichen. Ein Erfolgserlebnis! Und schon geht es Ihnen besser, denn die Neuronen haben aufgrund dieses Erfolgs im Stirnhirn Signal gegeben und erzeugen ein Glücksgefühl.

Entrümpeln wirkt anti-depressiv

»Jede Beschäftigung hilft gegen Trübsal«, schreibt Stefan Klein in seinem Buch *Die Glücksformel*. Gerade nach einer Phase der Niedergeschlagenheit sei es wichtig, sich Ziele zu setzen, die nicht überfordern. Denn die Leistungsfähigkeit des Gehirns ist nach einer Zeit des Rückzugs und der Bedrückung erst einmal eingeschränkt. Es muss mit leichten Übungen wieder auf Touren gebracht werden – ähnlich einem Bein, das eine Zeit im Gipsverband gelegen hat. Putzen und Entrümpeln sind da genau die richtigen Tätigkeiten. Sie bringen schnell Erfolgserlebnisse.

Ein Hoch auf die Hormone

Hormone transportieren bestimmte Informationen durch unseren Körper und regulieren damit verschiedene Funktionen: Dass wir Nährstoffe verarbeiten (zum Beispiel Insulin), bei Gefahr alarmbereit sind (Adrenalin) oder – dass wir uns glücklich fühlen.

Endorphine: Die bekannten »Glückshormone« unterdrücken Schmerzen und versetzen uns in die Lage, Höchstleistungen zu bringen. Unser Gehirn schüttet sie aber auch aus, wenn wir ein Ziel erreichen – ganz gleich, ob wir »nur« das Geschirr abgewaschen oder einen Marathonlauf überstanden haben.

Serotonin: Auch Serotonin steuert unter anderem unseren Gemütszustand und ist deshalb in Medikamenten enthalten, die gegen Depressionen wirken. Es wird durch körperliche Anstrengung freigesetzt und entsteht auch, wenn wir uns gesund ernähren und ausreichend schlafen.

Dopamin: Wenn wir ein Ziel in Angriff nehmen, ist es, als würden wir eine riesige Schiffsschraube in Gang setzen. Erst bewegt sie sich sehr langsam, kommt dann aber immer mehr in Schwung. Das liegt an der Ausschüttung des Neurotransmitters Dopamin, der uns schneller denken und reagieren lässt.

Ausmisten macht schlank

Materieller Besitz vermittelt ein Gefühl von Sicherheit. Genauso ist es mit den Pfunden auf der Hüfte. Übergewichtige Menschen werden häufig von Ängsten gehemmt, die sie zunächst einmal überwinden müssen. Haben sie das geschafft, können sie nicht nur das Gerümpel, sondern auch ihr Fett »loslassen«. Wahrscheinlich verhält es sich mit dem Seelenballast ähnlich. Nicht umsonst gibt es die Bezeichnung »Kummerspeck«. Dass sich sowohl Krempel als auch Körperfett so hartnäckig halten, hat natürlich mit dem Schweinehund zu tun. Er möchte Sie vor unangenehmen Gefühlen bewahren und setzt deshalb alles daran, Ihre Schutzschilde zu erhalten.

ACHT GUTE GRÜNDE FÜR DAS ENTRÜMPELN

Wer entrümpelt, befreit sich selbst. In der Wohnung ist mehr Platz zum Leben und in Ihrem Inneren entsteht Freiraum für neue Ideen. Außerdem bringt Ausmisten ein konkretes Erfolgserlebnis: Sie haben etwas Großartiges geschafft. Das sollten Sie feiern!

1 Sie haben tatsächlich Ordnung geschaffen und werden mit dem zufriedenen Gefühl durch Ihre Wohnräume gehen: »Ja, ich habe es geschafft. Jetzt sieht es endlich so aus, wie ich mir das immer gewünscht habe.« Vielleicht haben Sie sich das Entrümpeln schon seit Jahren vorgenommen und immer wieder verschoben. Jetzt ist es so weit. Nichts Überflüssiges, Hässliches oder Defektes geht Ihnen mehr auf die Nerven. Dinge, von denen Sie sich schon lange trennen wollten, haben Sie endlich loslassen können. Alles steht an seinem Platz. Es sieht richtig gut aus.

2 Sie haben mehr Platz. Mit einer konsequenten Entrümpelungsaktion können Sie die vorhandene Wohnfläche erheblich vergrößern – gratis und ohne Umzugsstress! An dem gewonnenen Lebensraum können Sie sich einfach erfreuen. Haben Sie Mut zu mehr Freiraum. Es ist nicht nötig, neue Dekorationen oder Möbelstücke aufzustellen. Wenn Sie Hobbys haben, steht Ihnen nun mehr Platz dafür zur Verfügung. Sie können wieder Freunde einladen und Partys feiern. Ihre Kinder freuen sich über mehr Raum zum Spielen.

3 Sie haben mehr Geld zur Verfügung. Wenn Sie Ihr Gerümpel erst einmal abgeschafft haben, haben Sie wahrscheinlich keine große Lust mehr auf Neuanschaffungen. Es fällt Ihnen viel leichter, Trends und Sonderangeboten zu widerstehen. Vielleicht können Sie auch die zusätzliche Abstellfläche aufgeben, die Sie extra für Ihren Krempel angemietet hatten. So sparen Sie jeden Monat eine Menge Geld. Und wenn Sie einen Teil Ihres Krams verkaufen konnten, haben Sie sogar Gewinn gemacht.

4 Sie haben sich von seelischem Ballast befreit. Äußeres Gerümpel legt sich wie ein Gewicht auf die Seele. Ihre Gedanken sind wie in einem Kreislauf gefangen: Sie werden immer wieder an die gute oder weniger gute »alte Zeit« erinnert, möglicherweise auch an Kränkungen oder Enttäuschungen der Vergangenheit. Während Sie entrümpeln, erleichtern Sie sich im wahrsten Wortsinn. Sie lösen sich von Beziehungen und Erinnerungen, die Ihnen nicht gut tun, und öffnen sich auf diese Weise gleichzeitig für neue Erfahrungen.

5 Sie genießen das Glücksgefühl beim Ausmisten und sind mit sich zufrieden. Schon das Aufräumen einer einzigen Schublade kann Sie entzücken: Sie haben etwas in Angriff genommen und es zu Ende gebracht. Und schon schüttet Ihr Gehirn eine Ladung Glückshormone aus. Gönnen Sie sich diesen kleinen Freudentaumel am besten jeden Tag, indem Sie sich immer wieder eine kleine Entrümpelaufgabe vornehmen.

6 Sie haben ein persönliches Erfolgserlebnis. Wenn Sie viel Gerümpel angesammelt haben, erleben Sie besonders schnell große Erfolgserlebnisse. Schon nach einer kleinen Entrümpelungsaktion ist das Ergebnis gut sichtbar. Das macht Lust auf mehr. Und wenn es bei Ihnen schon richtig gut aussieht, haben Sie sicherlich Spaß an noch ausgeklügelteren Ordnungssystemen für Ihre Schränke, Regale und Schubladen. Das Gute daran: Wenn Sie den Dreh einmal heraushaben, bleiben Sie auch in Zukunft gerümpelfrei!

7 Sie können danach neu durchstarten, denn der Krempel blockiert Ihre Lebensenergie. Er hält Sie in Ihrer Vergangenheit fest und versperrt Ihnen den Weg in eine schöne Zukunft. Er lähmt Ihre Gedanken und lässt Sie um sich selbst kreisen. Je mehr Ballast Sie hinauswerfen, desto mehr Energie

kehrt zu Ihnen zurück. Sie werden wieder viele Ideen haben und mit Leichtigkeit neue Projekte starten.

8 Sie haben sich eine Belohnung verdient. Dass Ihre Räume frisch und großzügig aussehen und Ihnen das Leben wieder mehr Spaß macht, ist an sich schon eine tolle Belohnung für Ihre Entrümpelungsaktion. Aber vielleicht haben Sie Lust, sich nach der Anstrengung noch etwas besonders Gutes zu gönnen? Genießen Sie ein Schaumbad, laden Sie Freunde zum Essen oder zum gemeinsamen Filmabend ein. Tun Sie einfach irgendetwas, das Ihnen viel Spaß macht. Was auch immer Sie sich aussuchen: Sie haben es sich verdient.

Warum Entrümpeln so schwer ist

Wenn Sie durchschauen, warum Ihr Schweinehund Gerümpel sammelt, haben Sie den ersten Schritt schon geschafft. Und Sie erfahren, mit welchen Argumenten Ihr widerborstiger Begleiter Ihre Entrümpelungsaktionen verhindert und wie Sie sich Unterstützung für Ihr Vorhaben organisieren. Mit diesem Wissen sind Sie gegen Sabotage bestens gerüstet!

Warum wir Gerümpel sammeln

Krempel ist Wohlstandsmüll. Wir können ihn uns nur deshalb leisten, weil wir über relativ viel Zeit, Platz und Geld verfügen. Aber warum füllen wir unseren gewonnenen Freiraum nun ausgerechnet mit all dem Kram? Weil wir tief in uns immer noch ein bisschen wie im Neandertal leben und meinen, gegen Hunger, Kälte und Gefahren kämpfen zu müssen. Und weil wir unsere Nachbarn immer noch sehr gerne mit den größeren Mammutzähnen beeindrucken.

Notwendig ist es nicht, Hamsterkäufe im Discounter zu tätigen. Oder fünf Packungen des extragünstigen Restpostens zu bunkern. Oder zwei randvoll gefüllte Gefriertruhen im Keller mit jeder Menge Strom zu füttern. Obwohl wir in Überfluss leben und fast immer und überall Zugang zu Lebensmitteln haben (und sei es nachts an der Tankstelle), treibt uns unterschwellig die Angst um, wir könnten Hunger und Durst erleiden. Oder uns könnten lebensnotwendige Gerätschaften fehlen.

Gruß aus dem Neandertal

In der Steinzeit war man den ganzen Tag damit beschäftigt, Nahrungsmittel heranzuschaffen und einigermaßen sichere Unterkünfte zu finden und einzurichten. Es ging um das nackte Überleben. Die Vorstellung von so etwas wie »Freizeit« gab es damals noch nicht. Heute haben wir relativ viel Freizeit, in der wir manchmal in uralte Verhaltensmuster zurückfallen. Wir durchstreifen die Supermärkte und kaufen so viele Nahrungsmittel, als müssten wir noch immer Hunger und Kälte trotzen. Wir durchstöbern Boutiquen auf der Suche nach Kleidungsstücken, als hinge unser Überleben davon ab. Und wir kaufen allerlei unnützes Zeug für unsere Wohnung, weil sich unser Gefühl von »Gemütlichkeit« mit dem von »Sicherheit« verbunden hat.

Gerümpel – ein neues Phänomen

Bis zur Industrialisierung war überflüssiger Kram in unserem Kulturkreis gar kein Problem. Der durchschnittliche Mensch besaß nicht viel und er kam auch gar nicht in die Verlegenheit, zu viel Besitz anzuhäufen. Und auch in der Nachkriegszeit hatten die Menschen einfach noch nicht so viel Kram angesammelt. Das sollte sich aber in den folgenden Jahren drastisch ändern.

Leben in Überfluss

Das Wirtschaftswunder in den beiden Jahrzehnten nach dem Krieg brachte einen ungeheuren Produktivitätsschub, die Warenhäuser waren endlich wieder gut gefüllt. Die Menschen hatten verständlicherweise Nachholbedarf in allen Bereichen. Die oft zitierte »Fresswelle« war vermutlich auch der frühe Anfang der »Gerümpelwelle«.
Heute freilich schlägt das Wirtschaftswundersystem zurück.

Um die Nachfrage und die Umsätze aufrechtzuerhalten oder gar zu erhöhen, ruft die Industrie in kurzen Abständen neue Trends aus: heute indisch, morgen mediterran und übermorgen japanisch. Diese Taktik verfehlt bei vielen ihre Wirkung nicht. Und so werden manche Wohnungen, die heute im Schnitt doppelt so groß sind wie 1960 (!), doch wieder viel zu schnell zu klein.

Mehr ist nicht immer besser

Der Trend zum Dritt- und Viertgerät erfasst mittlerweile beinahe alle Bereiche des Haushalts. Aktuelles Beispiel: die Kaffeemaschine. Man braucht nicht einmal ein ausgesprochenes Faible für das Getränk zu haben und kann dennoch innerhalb kürzester Zeit einen recht ansehnlichen Maschinenpark sein Eigen nennen: Wochentags ein Gerät, das Kaffee für einzelne Tassen braut (viel praktischer als die »große Maschine«). Außerdem einen Espressoautomaten und einen zusätzlichen

elektrischen Milchaufschäumer. Wenn Besuch kommt, ist die Doppelkaffeemaschine mit zwei Isolierkannen gerade richtig. Für besondere Anlässe gibt es dann noch eine Maschine aus Italien, die mit ihren zahlreichen Leitungen und Druckanzeigern viel hermacht. Wahrscheinlich schmeckt der Kaffee je nach Maschine tatsächlich ein wenig anders. Aber: Machen so viele Geräte das Leben wirklich leichter? Machen sie glücklich? Interessant ist es allemal, dass ein italienischer Haushalt – und dort kennt man sich mit Kaffee bekanntermaßen aus – mit einer einzigen, achteckigen Alu-Espressokanne auskommt, die tagtäglich auf dem Herd steht.

Suche nach Sicherheit

In der Steinzeit hatte Besitz wirklich etwas mit Sicherheit zu tun: Wer eine Höhle bewohnte, war vor Witterung und Eindringlingen geschützt. Wer ein Fell hatte, musste nicht frieren. Wer über Nahrungsmittel verfügte, war vor Hunger gefeit. Die Lebensumstände haben sich zwar geändert, das Gefühl der Unsicherheit ist aber bei vielen geblieben – nur mit anderen Ursachen: Auslöser können heute der unsichere Job sein oder die wacklige Partnerschaft. Um sich vor diesen Unwägbarkeiten

des Lebens, mit denen auch der Schweinehund nicht gut umgehen kann, zu wappnen, igeln sich viele in Besitztümer ein. Der neue Sportwagen, die Designerlampen, die teure Armbanduhr werden für nicht wenige Menschen zum Identitätsstifter. Das Tragische daran ist allerdings, dass das Gefühl der Unsicherheit mit dem Kauf dieser Gegenstände allenfalls für eine kurze Zeit überspielt wird. Denn es gibt laufend neue Modelle und noch bessere Dinge, die sagen: »Du brauchst mich, um ein glücklicher Mensch zu sein.« Und dann besteht noch die ständige Gefahr, all seinen Besitz zu verlieren. Welch ein Stress!

Besitzansprüche

Es ist nicht nur der tatsächliche Besitz, der Sie gleichzeitig in einem falschen Gefühl der Sicherheit wiegt und unter Stress setzt. Dazu kommen auch berechtigte oder vermeintliche Besitzansprüche. Kennen Sie Gedanken wie: »Ich bin es, die Großvaters Uhr erben wird.« Oder: »Mir steht das letzte Paar Schuhe in meiner Größe zu und nicht der anderen Kundin.« Oder: »Ich bin jetzt schon drei Jahre in der Firma, ich will jetzt zusätzlich zu meinem Computer auch noch einen neuen Laptop.« Wenn Sie die begehrten Dinge bekommen haben, fühlen Sie sich möglicherweise im Moment, als hätten Sie eine Schlacht gewonnen. Dabei haben Sie sich nur noch mehr Sachen angeeignet, die Platz brauchen.

Wider die Vergänglichkeit

Manche Dinge, die Sie besitzen, werden wahrscheinlich länger »leben« als Sie selbst: Ihr Schmuck, der schöne Bergkristall, Ihre Möbel vielleicht, Ihr Haus. So haben Sie das Gefühl, mit Ihrem Besitz etwas gegen Ihre Vergänglichkeit tun zu können. Natürlich wissen Sie, dass Sie nicht ewig leben werden. Aber die Vorstellung, dass Ihre Dinge von der nächsten Generation noch verwendet werden, verlängert in gewisser Weise Ihr Dasein in der Welt. Vielleicht ist das auch ein Grund dafür, warum so viele Menschen private Seiten ins Internet stellen. Mit Fotos von Papis Geburtstag, einem Tagebuch oder persönlichen Lieb-

Ich will mehr!

»Weniger ist mehr«, heißt es. Das ist doch unlogisch und unsinnig, dachte ich immer. »Mehr ist mehr!«, war meine Devise. Und so brachte ich meinen Menschen dazu, immer neue Dinge zu kaufen. Ich hatte ihn sogar so weit, dass er das Gerümpel von anderen Menschen bei sich aufnahm. An jeder Wand standen Regale und Schränke, die so voll waren, dass sie wie dicke Schutzwände aussahen. Und davor noch die gestapelten Kisten! Die ganze Abstellkammer war bis oben hin voll gestopft. Im Keller war auch kein Quadratmeter mehr frei. Oh, da habe ich mich behaglich gefühlt! Aber ich musste auch einsehen, dass mein Mensch und ich für uns selbst gar keinen Platz mehr hatten. Überall stolperten wir über irgendetwas, und auch auf unserem geliebten Sofa wurde es langsam eng. Durch unsere Entrümpelungsaktion hat sich unsere Wohnfläche tatsächlich verdoppelt. Ganz ohne Umzugsstress und ohne dass wir mehr Miete zahlen müssen. Ich kann Ihnen sagen: Letztendlich kommt das eher meiner Bequemlichkeit entgegen.

lingsrezepten zum Beispiel. Streng gesehen ist das auch nichts weiter als Datengerümpel. Aber es gibt den Menschen das Gefühl, sich ein bisschen »verewigt« zu haben.

Mithalten wollen

Die Autoren des Ratgebers *Die Wohnungs-diät* haben einen schönen Satz geprägt: »Der Trend von heute ist das Gerümpel von morgen.« Zur Bestätigung dieser Aussage reicht vielleicht ein Blick auf die Anschaffungen der letzten zwei Jahre: Wie oft nutzen Sie Ihren Wok? Den Fonduetopf? Ihr Raclette-Gerät? Der neue Sandwich-Toaster steht wahrscheinlich auch noch in Ihrer Küche. Er wird dann zu den anderen nicht genutzten Maschinen in den Keller wandern, wenn der nächste Trend durchs Land rollt. Aber was sollen schließlich die Nachbarn denken, wenn Sie keine Gegeneinladung zum Raclette-, Fondue-, Wok- oder XY-Essen aussprechen können, weil Ihnen das Equipment fehlt? So eine peinliche Situation will Ihr Schweinehund auf jeden Fall vermeiden.

Statussymbole

Wahrscheinlich haben die frühen Bewohner des Neandertals ihre Jagdtrophäen so platziert, dass die Nachbarn sie nicht übersehen konnten. Und ist es nicht auch heute noch so, dass Jäger ihre Zwölfender stolz an der Wohnzimmerwand präsentieren, während

das Gehörn der mickrigen Ricke in irgendeiner Kiste verstaubt? Es tut dem Schweinehund gut, wenn er zeigen kann, was er geleistet hat. Anstelle des Mammutzahns stellt er heute natürlich lieber seine neue Uhr oder seine teuren Schuhe zur Schau. Und am liebsten hat er gleich mehrere Exemplare davon.

Wie sich leere Flächen füllen

Räumen Sie einmal in Ihrer Wohnung ein zentral gelegenes Regalbrett oder einen kleinen Tisch völlig leer. Sagen Sie den Menschen, mit denen Sie zusammenwohnen, nichts von Ihrer Idee. Und jetzt beobachten Sie einfach, was passiert: Wie lange bleibt die Fläche frei? Was wird zuerst dort abgelagert? Wann und wie kommen die nächsten Gegenstände dazu? Welche werden wieder weggenommen und welche schlagen Wurzeln? So schulen Sie Ihre Wahrnehmung dafür, wie sich welches Gerümpel in Ihrer Wohnung bewegt.

Wenn Sie technische Spielereien mögen, können Sie das Experiment auch mit einer Kamera dokumentieren. Machen Sie immer dann ein Bild, wenn sich die Krempelsammlung auf der Fläche verändert hat. Wiederholen Sie das Experiment an verschiedenen Stellen in Ihrer Wohnung, und laden Sie später alle Mitbewohnerinnen und -bewohner zu einer kleinen Diaschau ein (das geht auch günstig mit Digitalkamera und Computer). Nicht, um Kritik an ihnen zu üben. Sondern einfach so, als lehrreiches »Happening«.

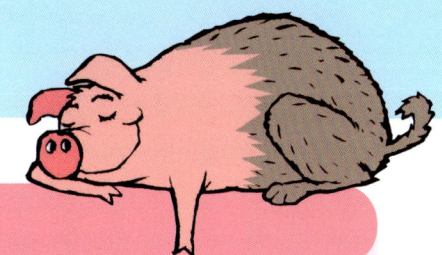

Eigentlich bin ich ein Neandertaler!

Ich als Schweinehund bin der ungezähmte Teil Ihrer Persönlichkeit: Mit kulturellen Errungenschaften wie Disziplin, Ordnung, Sauberkeit hab ich es nicht so. Manchmal stelle ich mir vor, ich könnte noch mal zurück in die Zeit unserer Urahnen. Ich glaube, ich würde mich dort wohl fühlen.

● *Der Körper will geschont sein*
Ich will körperliche Bedürfnisse sofort stillen. Wenn ich Hunger habe, will ich nicht bis zum Mittagessen warten, sondern sofort etwas hinunterschlingen. Können Sie sich vorstellen, dass ein Steinzeitmensch bis zum Mittagessen wartet, wenn er Hunger hat? Überhaupt sorge ich dafür, dass es Ihnen körperlich gut geht – und zwar jetzt sofort. Ein Sportprogramm, das zunächst Überwindung kostet, bevor sich Wohlbefinden einstellt, kann ich deshalb nur schwer ertragen. Weil Entrümpeln, Aufräumen und Putzen körperlich anstrengend sind, setze ich in der Regel auch hier alle Sabotagekünste ein, die mir zur Verfügung stehen. Schließlich will ich Ihnen dabei helfen, Ihre Kräfte zu schonen – damit wir bei der nächsten »Mammutjagd« am Wühltisch schnell rennen können.

● *Lieber auf Nummer sicher*
Ich will kein Risiko eingehen. Deshalb halte ich lieber an dem fest, was sich bisher bewährt hat. Wenn wir möglichst viel Gerümpel ansammeln, fühle ich mich sicher. In schlechten Zeiten haben wir dann immerhin etwas, worauf wir zurückgreifen können. Besser Krempel als Mangel! Ich neige auch dazu, ganz gewöhnliche Dinge mit magischen Kräften aufzuladen: Die teure Uhr muss doch einfach beim sozialen Aufstieg helfen!

● *Gemeinschaft brauche ich einfach*
Nur in der Gesellschaft anderer kann der Mensch überleben, das weiß ich instinktiv. Deshalb bringe ich Sie dazu, viele alte Sachen aus der Familie aufzubewahren. Das schafft ein Gefühl der Verbindung, obwohl tatsächlich vielleicht kaum Kontakt besteht. Auch das sorgsame In-Ehren-Halten von Erbstücken ist so eine Art der Gemeinschaftspflege. Diese Dinge stellen zumindest einen symbolischen Kontakt zur Großfamilie her, in der sich jeder Mensch geborgen fühlt.

So sabotiert Sie der Schweinehund

Die Tricks Ihres Schweinehunds sind auf den ersten Blick gar nicht so leicht zu durchschauen. Denn schlauerweise beginnt er mit seinen Taktiken schon, bevor Sie überhaupt anfangen. Taucht der erste Gedanke auf, der die Reizworte »entrümpeln«, »sortieren«, »aufräumen«, »ordnen« oder gar »putzen« enthält, ist er in höchster Alarmbereitschaft. Er öffnet seine mit unendlich vielen Ausreden gefüllte Trickkiste, um Ihren Entschluss sofort zu sabotieren.

Widerstand in drei Phasen

Schweinehund Uli, der mit seinem Menschen eine erfolgreiche Entrümpelungsaktion durchgestanden hat, kennen Sie ja bereits ganz gut. Er hat sich einverstanden erklärt, seine Trickkiste zu öffnen, um Sie in die schweinehündische Kunst der Sabotage einzuweihen. Der innere Schweinehund arbeitet unseren Entrümpelungsvorsätzen ganz systematisch entgegen. Und zwar in drei Phasen:

- In Phase eins versucht er, die Entscheidung schon im Vorfeld zu verhindern.
- In der zweiten Phase stört er Sie dabei, eine klare Entscheidung zu treffen.
- In Phase drei schließlich setzt er alles daran, dass Sie Ihr Vorhaben nicht ausführen.

Lassen Sie uns mit der ersten Phase beginnen, denn beim Thema Entrümpeln ist der innere Schweinehund besonders erfolgreich, wenn er in der frühen Phase der Entschlussfassung agiert. Kommt er mit einem Argument

(»Ein wenig Unordnung ist doch nicht so schlimm«) nicht weiter, zaubert er das nächste aus der Trickkiste (»Das kann man alles sicher noch mal brauchen«) und im Zweifelsfall noch eins (»Das ist viel zu anstrengend«) und wird dabei auch richtig kreativ (»Mein Kind leidet bestimmt unter dem vielen Staub, der beim Entrümpeln entsteht«).

Ihr kreativer Schweinehund

»Bei so guten Argumenten habe ich ja gar keine Chance«, denken Sie jetzt vielleicht. Und haben Sie es bemerkt? Da hat bereits Ihr Schweinehund gesprochen. Dieses Buch möchte Ihnen einen kleinen Perspektivwechsel vorschlagen: Hören Sie Ihrem widerborstigen Begleiter einmal in Ruhe zu. Und beobachten Sie, wie er versucht, Sie um den Finger zu wickeln. Ist er nicht außerordentlich geschickt und einfallsreich? Kein Wunder: Immerhin ist er ein Teil Ihrer eigenen Persönlichkeit – und er hat eine Menge solcher Tricks auf Lager! Sie können also aufhören, sich pausenlos über Ihr inneres Schweinehund-Raunen zu ärgern, und seine Kreativität zunächst einmal wertschätzen. Denn diese Erfindungsgabe ist es, die Ihnen in vielen anderen Fällen schon sehr hilfreich war und hervorragende Dienste geleistet hat. Bei den Schweinehund-Ausreden ist sie nur ein bisschen fehlgeleitet – aber keine Angst: Sie lässt sich auch wieder umleiten. Und Ihr kleiner Begleiter ist ja nicht bösartig – er will nur überzeugt werden.

Lustpfad statt Frustpfad

Und vielleicht hat er ja Recht, der Schweinehund. Sie sind so gefordert in Ihrem Job oder von Ihrer Familie, dass Sie zum Entrümpeln wirklich keine Kapazitäten mehr frei haben. Sie würden sich tatsächlich überfordern, wenn Sie sich diese Aufgabe auch noch aufbürdeten. Also, schauen Sie Ihr Leben einmal genau an: Welche Pflichten haben Sie? Wofür engagieren Sie sich? Wie viel Zeit bleibt Ihnen, die Sie allein für sich haben? Um sich über das Ausmaß Ihrer Belastung klar zu werden, können Sie die Last-oder-Lust-Übung machen (siehe Kasten auf Seite 48).

Die Tücke liegt im Entschluss

Schweinehund Uli hat ein entscheidendes Geheimnis verraten: Es gibt insgesamt zwölf Argumentationsfelder, aus denen die Schweinehunde Ideen schöpfen, wenn es ums Thema Entrümpeln geht. Jedes enthält Ideen, mit denen sie ihre Menschen bereits in der Entschlussphase vom Entrümpel- oder Aufräumplan abzubringen versuchen. Und jedes der zwölf Felder bietet dem Schweinehund sehr viele Möglichkeiten, Ausreden zu formulieren. Lassen Sie sich von der Fülle nicht irritieren. Überlegen Sie einfach bei jedem Aspekt, ob er bei Ihnen ein »wunder Punkt« sein könnte. Sollte das der Fall sein, sind Sie

LAST ODER LUST?

Zeichnen Sie einen großen Kreis auf ein Blatt Papier. Der Kreis steht für einen durchschnittlichen Tag in Ihrem Leben. Jetzt teilen Sie ihn – wie eine Torte – in Stücke ein: Wie groß ist der Anteil, den Sie für Ihren Job investieren? Für Ihren Haushalt? Für Ihre Familie? Für ehrenamtliche Tätigkeiten? Für sich selbst?

Zeichnen Sie jetzt mit einer dunklen Farbe in jedes Tortenstück den Anteil, den Sie als »Last« empfinden. Und mit einer hellen Farbe denjenigen, der für Sie »Lust« bedeutet. Wie sieht die Torte aus? Komplett verdunkelt? Wenn Ihr Leben eher Last als Lust ist, sind Sie für den Schweinehund eine leichte Beute.

Zeichnen Sie nun einen zweiten Kreis und tragen Sie ein, wie viel Zeit und Energie Sie für jede Ihrer Aufgaben und für sich selbst haben möchten – und wie groß die »Last«- und »Lust«-Anteile dabei sein sollen. Bleiben Sie realistisch: Kein Leben ist nur Zuckerschlecken. Aber das wissen Sie ja selbst.

Verschieben Sie ab sofort die Akzente in Ihrem Leben langsam, aber sicher in die gewünschte Richtung.

an dieser Stelle für Schweinehund-Argumente besonders empfänglich. Einen Überblick über die wichtigsten Ausreden finden Sie am Ende dieses Kapitels (siehe Seite 53).

1. Die Angst, sich von gewohnten Sachen zu trennen

»Das kann ich vielleicht noch brauchen!« Kennen Sie diesen Satz? Menschen, die nur sehr schwer von gewohnten Sachen lassen können, benutzen ihn häufig. Egal, ob die Fachzeitschrift schon zehn Jahre lang im Regal verstaubt oder die Schneckenpfännchen im Küchenschrank – man kann sie vielleicht eines Tages noch gebrauchen. Hinter solchen Sätzen steckt nicht nur die Angst des Schweinehunds vor jeglicher Art von Veränderung. Entrümpelungs-Expertin Karen Kingston deutet solches Verhalten auch wie folgt: »Wenn man Dinge ›nur für den Fall‹ behält, lässt dies auf ein mangelndes Vertrauen in die Zukunft schließen.« Sie haben also möglicherweise Angst, dass Sie in eine Situation materieller Not geraten könnten. Und weil Sie diese Sorge haben, ist es nicht ganz unwahrscheinlich, dass Sie diese Situation unbewusst selbst herbeiführen. »Habe ich es doch gewusst!«, schimpfen Sie dann, »Ich brauche es doch noch, und jetzt habe ich es weggeworfen.« Sie stecken in einer klassischen »sich selbst erfüllenden Prophezeiung«. Vielleicht wünschen Sie sich aber auch, dass ein anderer Ihren Plunder noch einmal nutzen könnte. Aber erinnern Sie sich einmal kurz an Ihre Jugendjahre: Wie fühlten Sie sich, als Sie das klapprige Fahrrad (»Das fährt noch einwandfrei!«) Ihrer großen Schwester erbten, die selbst ein neues Rad bekam? Genau so haben Sie es wahrscheinlich nicht erlebt, aber bestimmt fallen Ihnen ähnliche Situationen ein. Und Sie stimmen sicherlich zu: Es ist nicht schön, das abgelegte Gerümpel anderer Leute übernehmen zu müssen!

2. Frühere Mangelerlebnisse wirken nach

Eine Frau, die als Kind Hunger erlitten hat, sammelt heute noch auf jeder Streuobstwiese wirklich jedes Fallobst auf, auch wenn es nicht mehr gut aussieht. Die Regale in ihrem Vorratskeller biegen sich unter gefüllten Einmachgläsern. Und in ihrem Kühlschrank finden sich Produkte, die schon seit Jahren abgelaufen sind. »Ich kann kein Essen wegwerfen«, sagt sie. Ihr Schweinehund setzt alles daran, dass sie nie wieder einen Mangel erleben muss – und schlägt dabei etwas über

die Stränge. Wahrscheinlich hilft es, ihm einmal in Ruhe zu erklären, dass sich die Zeiten mittlerweile geändert haben – der Schweinehund ist nämlich durchaus in der Lage, rationalen Argumenten zu folgen.

3. Nostalgische Gefühle sind angenehm

Oft können sich Menschen von bestimmten Sachen nicht trennen, weil sie diese Dinge als einen Teil ihrer Persönlichkeit begreifen. Das Klavier steht dafür, dass sie sich für musikalisch halten, obwohl sie seit Jahren nicht darauf gespielt haben. Das Geschenk der Exfreundin verkörpert die schöne Zeit, die sie zusammen gehabt haben. Das Flugticket nach New York sagt: Ja, du warst wirklich da. Es war ein toller Urlaub.

Diese Gegenstände einfach wegzuwerfen fühlt sich an, als ob Sie einen Teil Ihrer Identität verlieren würden. Mit solch einem Verlust tut sich der Schweinehund besonders schwer. Und deshalb verhindert er zielsicher jeden Entschluss, so etwas zum Abfall zu geben. Wenn Sie Ihre Wohnung über und über voll gestopft haben mit solch »aufgeladenen« Dingen, kann es besonders schwer oder sogar unmöglich sein, alles in einer »Hauruck-Aktion« wegzuwerfen. Aber auch hierfür

gibt es hilfreiche Strategien, die auf die Gefühle Ihres Schweinehunds besondere Rücksicht nehmen.

4. Die Angst, Geld zu verschwenden

Jedes unserer Besitztümer hat einen gewissen materiellen Wert: Die Bluse, die seit drei Jahren unbenutzt im Schrank hängt, hat 39 Euro gekostet. Sie ist bis jetzt nicht unmodern und hat bestimmt noch einen Wert von, sagen wir, 10 Euro. Immerhin! Wenn Ihnen Ihr Schweinehund schwanzwedelnd die Preisschilder Ihrer Sachen vor die Nase hält, fällt es Ihnen mit Sicherheit besonders schwer, sich von ihnen zu trennen. Sie haben jedes Mal das Gefühl, bares Geld zum Fenster hinauszuwerfen. Dass andererseits auch das Aufbewahren der vielen Dinge ganz schön ins Geld gehen kann (siehe Übung auf Seite 26 in Kapitel 1), ist vielleicht ein Aspekt, den Ihr Schweinehund bisher noch nicht ganz durchdacht hat. Aber diese Überlegung könnte Ihnen helfen, im Wege eines einfachen Kostenvergleichs manche Wegwerfentscheidung sehr zu erleichtern.

5. Die Blamage, sich einen Fehlkauf einzugestehen

Solange Sie Ihre raffiniert geschnittenen Schuhe für 250 Euro unbenutzt im Schuhschrank aufbewahren, müssen Sie sich nicht eingestehen, dass Sie hier ziemlich danebengegriffen und richtig viel Geld verschwendet haben. Das Gleiche gilt für die schicke Solarlampe in Ihrem Garten, die leider nur wie eine traurige Funzel leuchtet. So viel Geld! Wie ärgerlich! Solche Fehlentscheidungen vertuscht der Schweinehund am liebsten: nicht berühren, stehen lassen und mit der Zeit vergessen. Aber es hilft nichts: Wenn Sie die Dinge in Ihrer Wohnung horten, machen Sie sich und Ihrem Schweinehund auf Dauer nur etwas vor. Denn bei der nächsten Aufräumaktion werden Sie wieder darauf stoßen. Irgendwann werden Sie sich dafür oder dagegen entscheiden müssen – sich dauernd darüber zu ärgern bringt nämlich nichts!

6. Die Angst vor Reue

Sicher, es kann passieren, dass die finnische Glasschale, die Sie heute wegwerfen, morgen wertvoll wird. Und weil das ja nicht nur bei der Glasschale, sondern auch bei all den anderen Dingen der Fall sein könnte, flüstert der Schweinehund Ihnen vorsorglich bei allem, was Sie wegwerfen wollen, ein verunsicherndes »Wer weiß …« ein. Bei den Massenartikeln des täglichen Lebens, die üblicherweise zusammengekauft werden, tendiert die Wahrscheinlichkeit für einen erheblichen Wertzuwachs allerdings gegen Null. Dagegen spricht meist schon, dass es sich um Massenartikel handelt. »Masse« und »wertvoll« passen in der Regel nicht zusammen. Wenn der Schweinehund gar zu laut wird, empfiehlt es sich gegebenenfalls, seinen Zweifeln mit Hilfe eines Experten oder Sachverständigen nachzugehen (bei alten Familien- oder Erbstücken kann das durchaus lohnen sein).

7. Das schlechte Gewissen nagt

Der Schweinehund ist besonders gut darin, Ihnen ein schlechtes Gewissen zu bereiten. So bringt er Sie auch dazu, sehr viele Dinge »in Ehren zu halten«. Mit dem moralischen Zeigefinger wedelnd, raunt Ihnen Ihr Begleiter dann gerne Sätze zu wie: »Die Vase kannst du wirklich nicht wegwerfen, Tante Irmi wollte immer, dass sie bei dir einen Ehrenplatz bekommt.« Ganz rational betrachtet, sind allerdings auch Geschenke und Erbstücke nur Gegenstände, die Ihnen gehören. Sie können damit machen, was Sie wollen. Wie Sie dabei Ihr schlechtes Gewissen (beziehungsweise die Vorstellungen Ihres Schweinehunds darüber) in den Griff bekommen, erfahren Sie in Kapitel 3.

8. Die Unmöglichkeitstaktik wirkt immer

Sind Sie schon einmal an einer Entrümpelungsaktion gescheitert? Beim letzten Versuch haben Sie da schon am Nachmittag des ersten Tages erschöpft festgestellt: »Das schaff ich nie!«? Da war mal wieder Ihr Schweinehund am Werk – und nun fällt es ihm besonders leicht, einen erneuten Anlauf auch wieder zu sabotieren. »Das geht doch gar nicht!«, ruft er Ihnen zu. »Das hat überhaupt keinen Sinn! Erinnere dich doch an das letzte Mal!« Letzte Zweifel überwindet er gerne mit einer simplen Variante: Keine Zeit! Andererseits: Für das Zusammentragen all des Krams hat Ihnen der Schweinehund schon Zeit gelassen

– sehr viel sogar. An der Summe der zur Verfügung stehenden Stunden liegt es also wohl nicht. Eher schon an der Frage, wofür Sie sich die Zeit nehmen: zum Krempel sammeln oder zum Entrümpeln.

9. Verharmlosung beruhigt

Wenn Ihr Schweinehund raunt: »Andere haben noch viel mehr Krempel«, dann wendet er die Verharmlosungstaktik an. Er zeigt mit dem Finger auf all die überquellenden Abstellkammern, Garagen und Kellerräume anderer Leute, damit Sie glauben, Ihre Situation sei noch lange nicht so schlimm. Diese Methode funktioniert aber auch ohne den verhängnisvollen Blick auf andere: Der Schweinehund wiegelt die Problematik dann einfach ab: »Das bisschen Unordnung macht doch nichts – ist doch gemütlicher so.« Das Problem dabei: Ihr kleiner Begleiter ist in diesen Dingen ein schlechter Ratgeber, da er primär auf sein eigenes Wohlergehen bedacht ist. *Ihre* Probleme hat er dagegen nicht so sehr im Blick.

10. Die Angst vor der Leere

Wie fühlen Sie sich in einem übersichtlichen, fast leeren Raum? Fühlen Sie sich beklommen oder bedrückt? Möchten Sie sich am liebsten in einer Ecke verkriechen? Für diese Gefühle gibt es sogar einen Fachausdruck: »Horror vacui« (der Schrecken vor dem Leeren). In der Natur gibt es keinen wirklich leeren Raum, und deshalb mag die Leere widernatürlich erscheinen. Manche Menschen fürchten, dass Ihnen in entrümpelten Räumen die Kreativität abhanden kommt. Dennoch ist es nicht automatisch gut, wenn Sie alles mit Gerümpel voll stopfen. Es eignet sich zwar gut dazu, von unangenehmen Gefühlen abzulenken: Einsamkeit zum Beispiel oder Angst vor Nähe. Der Kram hält Sie möglicherweise in ständiger Beschäftigung, so dass Sie diese Emotionen nicht mehr wahrnehmen. Wer aber seine Ängste permanent vergräbt, kommt im Leben nur mühsam weiter. Um sich aus verkrusteten Strukturen herauszubewegen – sei es die verstopfte Wohnung, der langweilige Job oder eine ungute Beziehung –, ist es notwendig, diesen Gefühlen zu begegnen.

11. Die Verzögerungstaktik

Schweinehunde scheinen einen Hang zum Perfektionismus zu haben. Denn gerne schlagen sie vor, jetzt noch nicht zu entrümpeln. Sondern erst dann, wenn Sie wirklich alles auf einmal und dann perfekt machen können. Ein gutes Argument – nur leider hat es mit Perfektionismus nichts zu tun. Denn es ist ziemlich klar, was sich hinter dieser Taktik verbirgt: Der perfekte Zeitpunkt wird niemals eintreten! Und wenn es dann doch mal zur Sache geht, kann ihr borstiger Begleiter Ihnen immer noch Umleitungsschilder in den Weg stellen. Wenn Sie also voll Tatendrang auf dem Weg zu Ihrer vermüllten Abstellkammer sind, schickt er Sie »erst noch kurz« zum Kühlschrank. Oder zum Fernsehapparat. Und da bleiben Sie dann mit ihm hängen.

12. Das Schonprogramm hilft beim Träumen

Ihr Schweinehund weiß, wie wichtig es ist, hin und wieder alle viere auszustrecken. Deswegen schaltet er regelmäßig das Schonprogramm ein: »Entrümpeln ist zu anstrengend«, sagt er und schickt Sie aufs Sofa. Diese Bequemlichkeitsstrategie ist verführerisch, denn Ihr widerborstiger Begleiter will solche Auszeiten zum Dauerzustand machen. Freilich: Wer permanent hart arbeitet, wenig schläft, ein strenges Sportprogramm durchzieht, seine Wohnung immer putzt und sich obendrein auch noch ein unbarmherzig gesundes Ernährungsprogramm auferlegt, der bietet seinem Schweinehund eine breite Angriffsfläche. Da lässt er Sie dann lieber in die Fantasie ausweichen und malt sich mit Ihnen aus, wie schön es wäre, in eine größere Wohnung zu ziehen. Oder – wenn er ein wenig drastisch veranlagt ist – wie praktisch es wäre, wenn das ganze Haus abbrennen würde und Sie neu anfangen könnten.

ENTRÜMPELN? NICHT MIT MIR!

Mit folgenden Argumenten verhindert der Schweinehund schon den Entschluss:

1. Angst, sich von gewohnten Sachen zu trennen	»Das kann ich vielleicht noch brauchen!« »Das kann vielleicht jemand anderem von Nutzen sein!«
2. Mangelerlebnisse	»In der Not werde ich froh sein, dass ich es habe!« »Nahrungsmittel werfe ich nicht weg – auch wenn sie noch so alt sind.«
3. Nostalgie	»Das wegzuwerfen tut mir weh.« »Das ist eine so schöne Erinnerung.«
4. Angst, Geld zu verschwenden	»Das ist doch bestimmt noch etwas Wert.« »In unserer Wegwerfgesellschaft gibt es doch sowieso schon so viel Wohlstandsmüll.«
5. Blamage, sich einen Fehlkauf einzugestehen	»Es war sehr teuer. Vielleicht wachse ich ja noch rein.« »Die Mode ist halt dieses Jahr so – auch wenn mir das Sakko eigentlich nicht steht.«
6. Angst vor Reue	»Die Vase wird vielleicht einmal sehr wertvoll.« »Ich muss alles genau durchsehen, vielleicht ist etwas Wertvolles dabei.«
7. Schlechtes Gewissen	»Ich muss es in Ehren halten.« »Was, wenn mich meine Freundin besucht und den Teller nicht sieht?«
8. Unmöglichkeitstaktik	»Das kann ja keiner schaffen.« »Das hat ja eh keinen Sinn.«
9. Verharmlosung	»Das ist doch eigentlich ganz gemütlich so – das bisschen Unordnung.« »Bei anderen ist es noch viel schlimmer.«
10. Angst vor der Leere	»Es soll nicht so steril aussehen.« »Ich brauche kreatives Chaos.«
11. Verzögerungstaktik	»Wenn ich es eines Tages tue, dann aber richtig.« »Ich muss erst noch …«
12. Schonprogramm	»Das ist mir zu anstrengend.« »Bei all dem Berufsstress brauche ich jetzt wirklich mal eine Pause.«

Umleitung

IHR PERSÖNLICHES ENTRÜMPELUNGSPROFIL

Ausmisten ist eine ganz persönliche Angelegenheit. Es gibt dafür kein Einheitsrezept. Denn die eine wohnt gern gemütlich, die andere liebt es kühl und durchgestylt. Der eine hängt mit seinem Herzen an jedem einzelnen Gegenstand, der andere sieht vor allem den praktischen Nutzen. Mit diesem Test erfahren Sie, welche Entrümpelungsstrategie für Ihren Typ die geeignetste ist. Kreuzen Sie einfach die Aussagen an, die am besten zu Ihnen passen. In Kapitel 3 (ab Seite 58) finden Sie dann Tipps für Ihren Entrümpelungstyp.

1. IHRE BESITZTÜMER UND SIE

Welche Bedeutung haben die Gegenstände, die Ihnen gehören, für Sie?

- Ich sehe die Dinge in meiner Wohnung aus einer praktischen Perspektive: Sie müssen nützlich und von guter Qualität sein. Ein vernünftiges Preis-Leistungs-Verhältnis ist mir auch wichtig. .... A

- Mit jedem Gegenstand in meiner Wohnung verbinde ich etwas: eine Erinnerung an einen Urlaub etwa, oder ich denke an einen Menschen, der mir etwas bedeutet. .... D

- Die Gegenstände, die ich anschaffe, sind mir sehr wichtig. Ich informiere mich immer sehr ausführlich, bevor ich etwas kaufe. Im Zweifelsfall zahle ich lieber etwas mehr für das bessere Produkt. .... B

- Was ich habe, ist mir nicht so wichtig. Es sind doch nur Sachen. C

Wie gehen Sie mit den Dingen um, die anderen gehören?

- Ich gehe rücksichtsvoll mit dem Eigentum anderer um. Zur Not verwahre ich Gegenstände auch länger als geplant. .... B

- Oft weiß ich gar nicht genau, was mir gehört und was anderen. C

- Ich verwahre sie gewissenhaft, aber nur für eine bestimmte Zeit. Danach muss derjenige sich entscheiden: Entweder er nimmt sein Zeug zurück oder ich werfe es weg. .... A

- Das hängt vom Eigentümer der Sachen ab. Wenn jemand sehr pingelig ist, dann passe ich besonders gut auf. Schusselige Menschen erinnere ich höflich, wenn sie etwas bei mir liegen gelassen haben. .... D

Von welchen Gegenständen können Sie sich nur schwer trennen?

- Von Dingen, mit denen ich etwas Persönliches verbinde. .... D

- Wenn eine Sache viel Geld gekostet hat. .... A

- Von interessanten Raritäten. C

- Was von besonders guter Qualität ist. .... B

Von welchen Sachen können Sie sich ganz besonders leicht trennen?

- Von Gegenständen, die nicht unmittelbar nützlich für mich sind. .... A

- Von minderwertigen Dingen, die ohnehin schnell kaputtgehen. .... B

- Was ich mal aus einer Laune heraus gekauft habe. C

- Von Sachen, zu denen ich keine persönliche Verbindung spüre. .... D

Wo schaffen Sie echtes Gerümpel hin?

- Es kommt unsortiert in die Mülltonne, soweit es dort hineinpasst. Manches bleibt auch in der Wohnung, weil ich keine Lust habe, mich darum zu kümmern. C

- Das meiste räume ich in den Keller, weil ich mich nicht davon trennen kann. .... D

- Alles wird fachgerecht entsorgt. .... A
- Soweit möglich, wird alles entsorgt. Manchmal weiß ich noch nicht, wohin mit einzelnen Sachen. Dafür habe ich ein Zwischenlager. .... B

Was tun Sie mit defekten Dingen?
- Ich bringe nach und nach alles in Ordnung. Was ich nicht selbst reparieren kann, kommt in die Werkstatt. .... A
- Spontan hole ich meine Werkzeugkiste und versuche, das eine oder andere Teil zu reparieren. Manchmal gelingt es mir, meistens nicht. C
- Ich frage in meinem Freundeskreis, wer etwas reparieren kann. Als Dankeschön gebe ich ein Essen. .... D
- Ich lege eine Liste an, was ich wo und in welcher Reihenfolge reparieren lasse. .... B

Wie bewahren Sie Sachen auf, die Ihnen besonders wichtig sind?
- Vor allem praktisch. .... A
- Mal hier, mal da. C
- Ich baue für diese Dinge eine Art Altar. .... D
- Am liebsten würde ich alles, was mir sehr wichtig ist, in einem Safe aufbewahren. .... B

Wie sieht Ihr Kleiderschrank aus?
- Jeder Anzug ist durch einen Kleidersack geschützt; für Hemden, Hosen, Krawatten habe ich Spezialbügel. .... B
- Mein wildes Durcheinander inspiriert mich zu neuen Kombinationen. C
- Alle meine Lieblingssachen hängen griffbereit. .... D
- Ich habe meine Kleidung nach Trage-anlässen geordnet. .... A

2. IHRE ENTRÜMPELUNGSMETHODE

Wie finden Sie die beste Entrümpel-Zeit?
- Auf jeden Fall spontan. Termine ignoriere ich sowieso. C
- Ich trage mir ein Datum in den Kalender ein. Es kann aber sein, dass mir etwas dazwischenkommt. .... D
- Ich kalkuliere, wie viel Zeit ich für die Entrümpelungsaktion brauche. Dann lege ich einen passenden Termin fest – warum nicht gleich heute Abend? .... A
- Ich brauche eine längere Vorlaufzeit für meinen detaillierten Entrümpelungsplan. Wenn der steht, überlege ich mir einen Termin. .... B

Entrümpeln Sie nach Plan?
- Ja. Ich führe ihn sorgfältig durch. .... B
- Nein. Ich entrümpele eher impulsiv. C
- Ich gehe organisiert und in logischer Reihenfolge vor. Einen genauen Plan brauche ich dazu nicht. .... A
- Einen Grob-Plan habe ich im Kopf. Manche Sachen verleiten mich aber zum Träumen, so dass ich von meinem Plan abkomme. .... D

Wie lange brauchen Sie?
- Eher lange, weil ich beim Entrümpeln in Erinnerungen schwelge. .... D
- Entweder ich breche die Aktion nach kurzer Zeit ab oder ich gerate in einen Rausch und finde gar kein Ende. C
- So lange, wie ich mir vorgenommen habe. ..... A
- Meistens dauert es länger als gedacht, weil ich so gründlich bin. .... B

Wann ist die Entrümpelungsaktion zu Ende?
- Wenn ich mit dem Ergebnis zufrieden bin. ..... A
- Wenn ich keine Lust mehr habe. C
- Wenn es mir gefühlsmäßig zu viel wird. .... D
- Wenn der Plan erfüllt ist. .... B

Wie sieht es bei Ihnen aus, wenn die Aktion geschafft ist?
- Einladend, gemütlich, hell. .... D
- Ordentlich, praktisch, sauber. .... B

- Interessant, lebendig, warm. C
- Übersichtlich, stilvoll, vielleicht ein bisschen kühl. .... A

Wie funktioniert Ihr neues Ordnungssystem?
- Das entsteht spontan. C
- Alles ist an einem logischen Platz. .... A
- So einfach, dass jeder sofort damit zurechtkommt. .... D
- Alles ist systematisiert. CDs und Bücher stehen z. B. alphabetisch geordnet. .... B

3. SO VERHALTEN SIE SICH BEIM ENTRÜMPELN

Entrümpeln Sie lieber allein oder in Gesellschaft?
- Gemeinsam macht es viel mehr Spaß. .... D
- Auf jeden Fall allein. .... A
- Es sollten alle anwesend sein, die mit mir zusammenwohnen. So kann ich im Zweifelsfall fragen, was mit bestimmten Sachen geschehen soll. .... B
- Ist mir egal. C

Welche Musik hören Sie dabei gern?
- Meine Lieblingsmusik oder Radio. .... B
- Musik, die ich noch gar nicht kenne oder beim Entrümpeln wiederfinde. C
- Gar keine. Oder Musik, die mir Klarheit bringt. .... A
- Am liebsten etwas zum laut Mitsingen. .... D

Wie bewegen Sie sich beim Ausmisten durch Ihre Wohnung?
- Ich arbeite mich gezielt durch den Kram. .... A
- Ich laufe »wie angestochen« umher. .... D
- Nach Plan. Um mich zu vergewissern, dass ich alles richtig weggeräumt habe, mache ich zusätzliche Kontrollgänge. .... B
- Ich lasse mich mal hierhin und mal dorthin treiben. C

Wo ruhen Sie sich danach aus?
- Auf dem Sofa. .... B
- Am Schreibtisch. .... A
- Da, wo es am gemütlichsten ist. .... D
- Das entscheide ich spontan. C

AUSWERTUNG

Zählen Sie bitte jetzt, welchen Buchstaben Sie wie oft angekreuzt haben:

A _____
B _____
C _____
D _____

Die Buchstaben stehen für vier verschiedene Entrümpelungstypen:

A   Der Rationale
B   Der Sicherheitsbedürftige
C   Der Spontane
D   Der Emotionale

Wahrscheinlich haben Sie nicht immer nur einen Buchstaben angekreuzt. Das ist ganz normal, denn jeder Mensch vereint verschiedene Anteile in sich. Dass ein Typ in Reinform vorkommt, ist eher selten. Lesen Sie nun also das Ergebnis für das Entrümpelungsprofil, das Sie am häufigsten angekreuzt haben. Finden Sie sich wieder? Danach lesen Sie das Profil, das Sie am zweithäufigsten angekreuzt haben. Hier finden Sie sicherlich auch einige Aspekte, die auf Sie zutreffen.
Und zum Schluss lesen Sie die beiden übrigen Profile. Hier finden Sie vielleicht Ihren Partner oder Ihre Partnerin wieder, Ihre Tochter oder Ihren Sohn. Möglicherweise hilft Ihnen das, sie besser zu verstehen. Niemand entrümpelt »richtig« oder »falsch«. Jeder tut es eben auf seine Weise. Wenn Sie sich gegenseitig in Ihrer ganz persönlichen Entrümpelweise akzeptieren, können Sie viel Stress und Streit vermeiden.

A Der rationale Typ

Ihre Freunde finden wahrscheinlich, dass man bei Ihnen gar nicht entrümpeln kann. Alles ist bereits in bester Ordnung. Aber Sie denken: Da geht noch was. In Ihren Schränken verbirgt sich bestimmt irgendwo ein wenig Krempel. Etwas, das Sie aufräumen oder aussortieren können. Ihr großer Vorteil: Sie müssen sich nicht erst durch einen Dschungel wühlen. Sie können direkt bei der Feinarbeit beginnen. Und nach relativ kurzer Zeit ist Ihr gut funktionierendes Ordnungssystem perfekt. Aber auch Sie stehen vor einer Herausforderung: Ihre Wohnung wirkt vielleicht ein bisschen kühl und ungemütlich. Das gefällt Ihnen so? Gut. Wenn Sie sich mehr Behaglichkeit wünschen, bitten Sie doch einfach eine Freundin oder einen Freund um gute Tipps. Fragen Sie am besten jemanden, dessen Wohnung Ihnen besonders gut gefällt. Und schauen Sie auch mal in Kapitel 4 nach, wie es um Ihr »inneres Gerümpel« steht. Vielleicht entspringt Ihr Wunsch nach Entrümpelungsaktionen nicht einem Überfluss an Dingen in Ihrer Wohnung, sondern aus dem Festhalten an Menschen und Gewohnheiten, von denen Sie sich eingeengt fühlen?

B Der sicherheitsbedürftige Typ

Auch bei Ihnen sieht es eigentlich schon prima aus. Sie sind aber noch nicht zufrieden, weil Ihnen viele Dinge nicht systematisch genug geordnet sind. Außerdem haben Sie mehr Gegenstände in Ihrer Wohnung, als Sie je benutzen können. Einerseits wissen Sie das, andererseits vermitteln Ihnen diese Sachen ein Gefühl von Sicherheit. Versuchen Sie, ein bisschen lockerer zu werden. Es sind alles nur Dinge. Sie sind einzig dazu da, Ihnen das Leben leichter zu machen, nicht schwerer! Wenn Sie beim Entrümpeln verzagen, lesen Sie noch einmal in Kapitel 1 und 2 nach, wieso wir uns mit einem solchen »Sicherheitspolster« umgeben. In Kapitel 3 finden Sie Tipps, wie speziell Ihr Typ gut entrümpeln kann. Was Sie nicht mehr benötigen, brauchen Sie nicht unbedingt wegzuwerfen. Sie können es auch verschenken oder verkaufen. So behalten die Gegenstände einen gewissen Wert. Ihr großer Vorteil: Sie sind von Natur aus ein Entrümpelungsprofi. Sie gehen planmäßig vor und arbeiten gründlich. Dabei nehmen Sie so viel Rücksicht auf die Bedürfnisse Ihrer Mitmenschen, dass Ihre Entrümpelungsaktionen von allen hoch geschätzt werden. Zusätzlich

könnte es für Sie interessant sein, sich mit Kapitel 4 zu beschäftigen, in dem es darum geht, beim inneren Entrümpeln loszulassen.

C Der spontane Typ

Sie folgen dem Lustprinzip. Dass die Entrümpelungsaktion Spaß macht, ist Ihnen wichtiger als ein perfektes Ergebnis. Ihr großer Vorteil: Sie werden beim Ausmisten besonders schnell große Fortschritte erzielen. Aus zwei Gründen: Sie haben zum einen ziemlich viel Krempel angesammelt und können sich, zum anderen, aber auch leicht davon trennen. Wünschen Sie sich ein bisschen mehr System in Ihrer Wohnung? Brechen Sie Entrümpelungsaktionen gerne vorzeitig ab? Dann sehen Sie sich die speziellen Tipps für Ihren Typ in Kapitel 3 an. Holen Sie sich auch Hilfe von Menschen, die Sie persönlich eher den Kategorien A oder B zuordnen würden. In anderer Leute Wohnung entrümpelt es sich einfach leichter. Sie werden sehen: Sie finden sicher schnell Mitstreiter, da es Spaß macht, Zeit mit Ihnen zu verbringen. Von Ihren vielen Ideen kann schließlich jeder profitieren.

D Der emotionale Typ

Bei Ihnen ist es total gemütlich. Sie haben gerne und viel Besuch, aber ein bisschen zu wenig Platz. Überall steht Kram herum, mit dem Sie etwas Persönliches verbinden. Ihre »Zwischenlager« im Keller, in der Abstellkammer oder auf dem Dachboden sind auch schon seit Jahren voll. Das macht Ihnen das Entrümpeln nicht leicht – aber auch Sie können es schaffen. Laden Sie Ihre Freunde oder Familie zu einer gemeinsamen Aktion ein. Im Team arbeiten Sie ohnehin am liebsten. Ganz wichtig: Der Trubel wird Sie davon abhalten, beim Ausmisten in Ihren Erinnerungen zu »versinken«. Wenn Sie Ihre Aufräumarbeiten mit einem gemeinsamen Essen beschließen, haben Sie doppelt gewonnen: Das Entrümpeln hat endlich geklappt, und Sie verbringen eine schöne Zeit miteinander.

Raus mit dem Gerümpel

Entrümpeln ist eigentlich ganz leicht. Wenn nur der Anfang nicht wäre! Hier erfahren Sie, wie Sie einfach loslegen und Ihr Ziel in fünf Schritten erreichen. Wenn der innere Schweinehund Sie stören will, nehmen Sie ihn gelassen an die Pfote. Und so werden Sie wohnen: Gerümpelfrei und behaglich. Freuen Sie sich schon jetzt auf Ihr neues Wohngefühl!

So macht
Entrümpeln Spaß

Zuerst die gute Nachricht: Die perfekt aufgeräumte Wohnung oder das komplett gerümpelfreie Haus müssen Sie gar nicht anstreben. Das würde den inneren Schweinehund nur auf die Barrikaden treiben. Machen Sie es sich leicht: Nehmen Sie sich zuerst kleinere Ecken vor, dann größere. Und lassen Sie hier und da eine kleine Kramecke. Es kommt darauf an, dass Sie Spaß bei der Sache haben. Genießen Sie, wie es um Sie herum immer ordentlicher wird.

So stimmt die Motivation

Haben Sie schon einmal versucht, Ihren Partner, Ihre Partnerin oder Ihre Kinder zum Aufräumen zu bewegen? Wie haben Sie das angestellt? Vermutlich haben Sie Druck gemacht oder Belohnungen versprochen. So macht man das überall: in Unternehmen, Schulen, Familien, Beziehungen. Auch wenn Sie sich selbst motivieren wollen, greifen Sie häufig – auch unbewusst – zu diesen Mitteln: Sie machen sich Druck oder belohnen sich.

Erste Strategie: K.I.T.A.

Die Abkürzung K.I.T.A. klingt höflicher als der Klartext: »Kick in the ass«. Mit einem gezielten Tritt in den Hintern bewegt man störrische Esel. Natürlich treten Sie nicht wirklich, sondern nur mit Worten: Sie drohen Strafen an, machen Vorwürfe oder ein schlechtes Gewissen. So bewegt sich sogar etwas – und dann kommt doch alles wieder zum Stillstand bis zum nächsten »Tritt«. Wenn Sie sich mit der K.I.T.A.-Methode zum Entrümpeln motivieren wollen, dann treffen Sie damit natürlich nicht sich selbst, sondern Ihren Schweinehund. Diesen Tritt wird er Ihnen nicht verzeihen, sondern auf Rache sinnen und Ihr Vorhaben sabotieren.

Zweite Strategie: Karotte

Man könnte diese Strategie auch »Politik der kleinen Schritte« nennen. Sie halten einem Esel eine Karotte hin. Er kommt, Sie geben ihm ein Stück. Dann entfernen Sie sich mit der Karotte, der Esel trottet ein paar Schritte hinter Ihnen her. Schließlich will er mehr! Sie geben ihm aber nur hin und wieder etwas, damit er Ihnen weiterhin folgt. Auch in der Familie arbeiten wir oft mit Belohnungen. Etwa so: »Wenn du dein Zimmer aufräumst, darfst du heute Abend einen Krimi sehen.«

So reagiert Ihr Schweinehund

Beide Methoden haben allerdings einen entscheidenden Nachteil: Sie funktionieren nur kurzfristig. Wenn Sie aufhören zu treten, bewegt sich nichts mehr. Ihre Kinder etwa werden ohne Schimpfen gar nicht mehr aufräumen. Wenn Sie sich selbst nur mit Druck zum Entrümpeln bringen, dann spielt Ihnen der Schweinehund bestimmt einen Streich: Er könnte Sie zum Beispiel auf der Kellertreppe stolpern lassen.

Auch Belohnungen wirken nicht nachhaltig. Warum? Ihr Schweinehund ist ein Genuss-Profi. Wenn Sie ihm für das Ausmisten einer Ecke eine Shopping-Tour versprechen, dann will er für die nächste Entrümpelaktion mindestens eine Drei-Tage-Reise haben.

So lässt sich also keine dauerhafte Motivation erzeugen. Wie aber dann? Die Antwort klingt eigentlich ganz banal. Dauerhafte Motivation kommt immer von innen, vom Spaß an der Sache selbst. Und das ist jetzt die große Frage: Wie kann Aufräumen Spaß machen?

Entrümpeln Sie sich glücklich!

Woran hätten Sie wohl mehr Spaß: An einer Sache, die Ihnen so leicht von der Hand geht, dass Sie sehr schnell gelangweilt sind? Oder an einer Aufgabe, die weit über Ihren Fähigkeiten liegt und die Sie daher schnell überfordert? Oder würde Ihnen das am meisten Freude bereiten, was Sie zwar als Herausforderung empfinden, aber bewältigen können, weil es auf Ihre Fähigkeiten zugeschnitten ist? Wahrscheinlich ist es die dritte Variante. Denn in den ersten beiden Fällen werden Sie entweder unter- oder überfordert. Und Überforderung und Unterforderung sind die Motivationskiller Nummer eins!

Viel Spaß machen dagegen Herausforderungen, die zu Ihrem Können passen. Wenn Sie Ski fahren, kennen Sie das Gefühl: Sie stehen oben am steilen Abhang. Sie wissen, dass Sie heil dort hinunterkommen, wenn Sie sich auf die Abfahrt konzentrieren. Also wagen Sie es: Sie sausen los, in mancher Kurve kommen Sie fast ins Schleudern, Sie fangen sich wieder, Sie steigern das Tempo – und Sie könnten jauchzen vor Vergnügen. Dieses Glücksgefühl nennt man »Flow«: Sie bewegen sich an der Grenze Ihrer Fähigkeiten, aber immer mit dem sicheren Gefühl, es gerade so zu schaffen. Sie können beim Sport in einen »Flow« geraten, beim Musizieren oder wenn Sie im Job ein spannendes Projekt bearbeiten. Und beim Entrümpeln ist dieses berauschende Glücks-

gefühl auch möglich. Das glauben Sie nicht? Probieren Sie es aus. Sie werden staunen. Der Trick: Sie nehmen sich immer nur so viel vor, wie Sie gerade schaffen. Zuerst können Sie sich vielleicht nur dazu durchringen, eine Schublade in Ordnung zu bringen. Immerhin! Am nächsten Tag fordern Sie Ihren borstigen Begleiter zu einer größeren Übung heraus. Die Garderobe im Flur! Geschafft? Jetzt können Sie sich wieder stolz auf die Schulter klopfen. Das motiviert! Und am nächsten Tag erledigen Sie den nächsten Schritt.

Ein wenig Kram darf sein

Schließen Sie die Augen. Wo in Ihrer Wohnung gibt es Kruschtelecken, die Sie richtig gerne mögen? Vielleicht in Ihrer Schreibtischschublade? Oder in einem kleinen Korb in der Küche? Das ist völlig in Ordnung so. Behalten Sie dieses kleine Gerümpel ruhig, das tut Ihnen und Ihrem Schweinehund gut. Lassen Sie

ihm eine Nische, in der er sich nach Herzenslust ausbreiten kann. Denn wenn Ihr Schweinehund einen Rückzugsort behalten darf, wird er Sie bei Ihren anderen Aufräumvorhaben viel häufiger gewinnen lassen. Betrachten Sie es als ein Tauschgeschäft: »Geb ich dir deine Gerümpelnische, gibst du mir meine aufgeräumte Wohnung zurück.«

Damit auch diese Ecken nicht wieder überhand nehmen, können Sie sie ja hin und wieder mal genauer ansehen und das ein oder andere Teil aussortieren. Sonst wuchert Ihre schöne Unordnungsnische so zu, dass Sie sich doch nicht mehr wohl damit fühlen. Wenn Sie viele Kruschtelecken haben, können Sie vielleicht einige davon zusammenfassen. Prüfen Sie, was genau sich in Ihren Körbchen, Bechern oder Schubladen befindet. Vielleicht ist der Inhalt immer ähnlich: Kugelschreiber, Gummiringe, Bonbons, ein paar Schmuckstücke. Überlegen Sie sich, wie viel davon Sie tatsächlich täglich brauchen. Vielleicht reicht ja eine Schublade schon aus.

Ihre persönliche Unordnungsnische sollte genau an der richtigen Stelle sein. Um diese zu finden, denken Sie kurz nach: Wann legen Sie typischerweise etwas dort hinein? Zu welcher Gelegenheit suchen Sie etwas darin? Oftmals eignet sich ein Platz, an dem Sie oft vorbeikommen, im Flur zum Beispiel. Wenn Sie viel Zeit in Ihrem Arbeitszimmer verbringen, ist Ihre Unordnungsnische dort gut platziert. Und wenn sich das Leben bei Ihnen überwiegend in der Küche abspielt, reservieren Sie dort eine Schublade.

Und was gibt's dafür?

Bei Belohnungen bin ich sehr wählerisch. Wenn ich mich schon anstrenge, dann muss mir etwas Besonderes dafür geboten werden. Anders sieht es aus, wenn ich mich auf das Ergebnis der Aktion selbst freue. Zum Beispiel: auf ein schön aufgeräumtes Bad. Dann brauche ich keine Extrabelohnung. Wenn mein Mensch sich dann trotzdem noch ein Schaumbad gönnt, hab ich natürlich nichts dagegen.

Selbst anpacken!

Bevor es losgeht, noch etwas vorab: Sie können auch einen professionellen Entrümpelungs-Dienst anrufen (siehe Seite 81). Es dürfte nur eine Frage der Zeit sein, bis ein Beispiel aus den USA auch bei uns Schule macht: Dort können Sie sogar Experten bestellen, die es sich zur beruflichen Aufgabe gemacht haben, anderen Menschen beim Ausmisten und Aufräumen ihrer Garage unter die Arme zu greifen. Für 8.000 bis 12.000 Dollar erstellen diese Spezialisten zum Beispiel ein perfektes Ordnungssystem für Ihre Garage, bei dem am Ende sogar noch Ihr Auto Platz hat. Wenn Sie einen riesigen Dachboden voller Gerümpel geerbt haben, mit dem Sie überhaupt nichts anfangen können, dann mag ein Blick in die Gelben Seiten tatsächlich die beste und schnellste Lösung sein. Grundsätzlich aber gilt: Selbst anpacken tut gut. Jeden Tag können Sie mit eigenen Augen sehen, wie viel Platz Sie geschaffen haben; wie viele gute Entscheidungen Sie getroffen haben. Sie spüren, wie Sie sich Schritt für Schritt wohler fühlen, wenn Sie aktiv werden. Sie erleben sich selbst als »wirksam«, Sie können die Dinge in die eigenen Hände nehmen. Das schafft einen wunderbaren Ausgleich, sowohl körperlich als auch mental, wenn Sie zum Beispiel im Job viel Energie investieren, aber wenige konkrete Ergebnisse sehen können. Also gönnen Sie sich dieses Erfolgserlebnis. Und Sie profitieren doppelt: Äußeres Entrümpeln schafft auch innere Klarheit und Entspannung. Dazu sagt Ihnen dieses Buch in Kapitel 4 (ab Seite 120) noch mehr.

Keine Herkulesaufgaben

Haben Sie schon die Ärmel hochgekrempelt? Prima. Aber jetzt dürfen Sie einen häufigen Fehler nicht machen: Nehmen Sie sich bitte nicht zu viel auf einmal vor. In der Begeisterung des Augenblicks hatten Sie vielleicht gedacht: »Heute entrümpele ich die gesamte Wohnung! Alles kommt auf den Prüfstand.«

Und dann nichts wie weg mit dem überflüssigen Zeug.« Ihr Schweinehund hätte gar nichts gegen diesen Vorsatz. Denn wenn Sie sich zu viel vornehmen, weiß er genau, dass Sie die Aktion aus Frustration ganz schnell wieder abbrechen werden. Wichtig ist, dass Sie bei Ihren Vorhaben realistisch planen – wie Sie auch in diesem Punkt schweinehundesicher vorgehen, erfahren Sie gleich im Abschnitt »Entrümpeln in fünf Schritten«.

Machen Sie es sich leicht

Suchen Sie bei Ihrer Entrümpelungsaktion bitte nicht nach der perfekten Vorgehensweise und dem ausgeklügeltsten Ordnungssystem. Wenn Sie bisher nicht gerade ein Ordnungsfanatiker waren, nützt es nichts, wenn Sie sich fest vornehmen, ab jetzt ein Leben mit Hängeregistratur, Aktenordnern und nach Literaturgattungen sortierter Bibliothek zu führen. Das führt viel zu schnell zu der verhängnisvollen Feststellung »Das schaff ich ja nie«, und auch Ihr Schweinehund macht dann nicht mehr mit. Was Sie dagegen brauchen, sind Ziele, die Ihnen subjektiv machbar erscheinen. Deshalb enthält dieses Buch auch keine komplizierte Betriebsanleitung zum Ausmisten. Im Gegenteil: Es zeigt Ihnen, wie Sie mit kleinen, machbaren Schritten vorankommen und wie Sie schnell Erfolge erzielen. Denn nur dann ist auch Ihr Schweinehund mit von der Partie und hält durch, bis Sie mit Ihrer »neuen Ordnung« zufrieden sind.

Entrümpeln in fünf Schritten

Gewusst wie! Dann ist Ausmisten ganz einfach. Hier lesen Sie, wie Sie in fünf Schritten leicht und sicher ans Ziel kommen. Die Schritte sind so bemessen, dass Sie Ihrem inneren Schweinehund immer eine Nasenlänge voraus sind und seine Einwände schon berücksichtigt haben, bevor er überhaupt Zeit hat, aktiv zu werden. Und wenn Sie Ihrem kleinen Begleiter klarmachen, welche Vorteile des Entrümpeln mit sich bringt, macht er sogar begeistert mit.

Ich will es tun!

Um erfolgreich zu entrümpeln, brauchen Sie eine eindeutige Entscheidung: »Ja, ich will es tun!« Weil Ihr Schweinehund zunächst genau das Gegenteil will – nämlich alles so belassen, wie es ist –, setzt er alles daran, diesen kurzen und klaren Satz zu verwässern. Nehmen Sie den Schweinehund in die Zange und formulieren Sie eindeutig. Besonders wichtig ist dieses Vorgehen für »spontane Entrümpelungstypen« (siehe Test Seite 54).

Das Zangen-Prinzip

Überlegen Sie mal, was Sie richtig gerne tun: Kochen Sie gern gut und gesund? Lieben Sie es, durch den Park zu joggen? Lesen Sie leidenschaftlich? Gehen Sie gern ins Kino? Dann haben Sie zwei Gründe für Ihre Vorlieben. Erstens: Sie fühlen sich gut, wenn Sie Ihrer Lieblingsbeschäftigung nachgehen. Sie wissen, dass Sie sich mit gesunder Ernährung oder mit Sport fit halten. Oder Sie haben die Erfahrung gemacht, dass Sie sich beim Lesen oder im Kino wunderbar entspannen können.

Zweitens: Wenn Sie mal *nicht* Ihrer Lieblingsbeschäftigung nachgehen können, fühlen Sie sich vermutlich schlecht. Ihnen fehlt das gute Gefühl, Vitamine getankt oder sich bewegt zu haben. Ihnen fehlt der »Urlaub im Kopf«, den Sie beim Lesen oder im Kino genießen.

Sie können sich dieses Prinzip wie eine Zange vorstellen: Der erste Grund drückt von links, der zweite von rechts. Werbung funktioniert genauso: Sie schwärmt Ihnen vor, wie gut Ihr Leben mit einem bestimmten Produkt sein wird. Und wie schlimm es ohne wäre.

GEWINN UND VERLUST

Nehmen Sie sich ein Blatt Papier und ziehen Sie einen Strich durch die Mitte. Auf die eine Seite schreiben Sie »Gewinn«, auf die andere »Verlust«. Jetzt listen Sie auf, was Ihnen Ihr Entrümpelungsvorhaben konkret bringen wird. Stellen Sie sich alle Details genau vor. Was bringt Ihnen die Aktion jetzt? In einem Jahr? In zehn Jahren? Ihre Liste könnte etwa so aussehen:

Gewinn jetzt:
Wenn Besuch kommt, muss ich nicht mehr in Panik das Chaos verstecken.
Ich werde mich freuen, nach Hause zu kommen.
Das Kochen wird mir mehr Spaß machen, wenn die Küche entrümpelt ist.

Gewinn in einem Jahr:
Ich werde wieder malen können, weil genug Platz vorhanden ist.
Ich werde gesünder sein, weil ich öfter selbst koche.

Gewinn in zehn Jahren:
Ich habe genug Platz und muss nicht umziehen.
Ich werde mehr Freunde haben, weil ich wieder meine beliebten Partys veranstalten kann.

Dann überlegen Sie, welche Nachteile Sie haben, wenn Sie weiter im Chaos leben. Stellen Sie sich genau vor, wie schlecht Sie sich fühlen werden, wenn Sie Ihren Krempel weiter wuchern lassen. Jetzt, in einem Jahr und in zehn Jahren.

Verlust jetzt:
Kochen dauert lange, weil ich immer erst Platz schaffen und die Kochutensilien suchen muss. Ich muss viel Mahngebühren zahlen, weil ich meine Rechnungen nicht rechtzeitig finde. Ich fühle mich eingeengt.

Verlust in einem Jahr:
Ich gebe viel Geld in Restaurants aus, weil ich nur noch selten koche.
Ich habe Angst, die Post zu lesen. Es könnten noch mehr Mahnungen sein.
Meine gesamte Energie ist blockiert. Ich komme im Job nicht mehr voran.

Verlust in zehn Jahren:
Das ständige Restaurantessen führt zu gesundheitlichen Problemen.
Mein/e Freund/in zieht vielleicht aus, weil er/sie mein Chaos auf Dauer nicht erträgt.
Mein Job macht mir keinen Spaß mehr, aber ich finde keinen anderen!

Die Werbung nimmt Sie also regelrecht in die Zange. Auch Ihren Schweinehund können Sie mit einem solchen emotionalen Zangengriff überzeugen. Der zweite Teil der Gewinn-und-Verlust-Übung ist möglicherweise etwas unangenehm. Aber er bringt eine ganze Menge! Denn unser Gehirn ist in erster Linie darauf programmiert, Schmerz und Unannehmlichkeiten zu vermeiden. Machen Sie Ihrem Schweinehund also klar, welche negativen Konsequenzen seine Drückebergerei hat. Wenn Sie ihm vor Augen führen, wie schön Ihre entrümpelte Wohnung sein wird, wird er seine Sabotageversuche auf ein Minimum reduzieren.

Wirklich wissen warum

Wenn Sie sich Ihre Gewinn-und-Verlust-Liste ansehen, fällt Ihnen die Entscheidung vermutlich sehr leicht. Sie sehen auf einen Blick, welche Vorteile Sie haben, wenn Sie endlich entrümpeln. Und welche Nachteile Sie in Kauf nehmen, wenn Sie nichts tun. Ihre Liste enthält eine Menge Energie, die Energie des WWW-Prinzips. Und das heißt: **w**irklich **w**issen **w**arum.

Denn oft treffen wir keine Entscheidung, weil wir einfach nicht genau wissen, warum wir aktiv werden sollen (und welche Nachteile es mit sich bringt, passiv zu bleiben). Wenn Sie aber dieses »Warum« genau kennen, packen Sie das Entrümpeln um der Sache willen an. Ihre Belohnung ist ein reales Ergebnis: Ihre aufgeräumte Umgebung, in der Sie sich so viel besser fühlen.

Formulierungsfehler vermeiden

Jetzt kommt es darauf an, dass Sie Ihre Entscheidungen schweinehundsicher formulieren. Das heißt: klar, eindeutig, ohne Wenn und Aber. Denn sobald Sie nur ein bisschen Unsicherheit zeigen, kassiert der Schweinehund Ihren schönen Vorsatz. Er reagiert auf bestimmte Reiz-Formulierungen:

»müsste«/»sollte«/»könnte«

Wenn Sie zu sich selbst »ich müsste« oder »ich sollte« sagen, fühlt Ihr widerborstiger Begleiter sich ganz wie zu Hause – diese Sprache ist ihm vertraut. Er weiß dann: keine Gefahr. Denn wenn ein Vorhaben im Konjunktiv ausgedrückt ist, steht es um die Realisierung gar nicht gut. Diese Formulierungen sind unverbindlich. Wenn Sie dagegen sagen: »Ich räume jetzt den Schlafzimmerschrank auf«, dann machen Sie auch Ihrem Schweinehund klar: Achtung, es geht los.

»versuchen«

Kennen Sie Menschen, die versuchen, pünktlich zu sein? Die versuchen, an etwas zu denken? Dann wissen Sie ja, wie das meistens ausgeht: Es bleibt beim Versuch. Im Grunde wissen das die ewigen Versucher selbst. Denn es ist nun mal bequemer, sich mit dieser Formulierung noch ein Hintertürchen offen zu halten, als Klartext zu reden und zu sagen: »Ich will das nicht.« Manchmal ist das Wort »versuchen« gerechtfertigt, meist ist allerdings der Schweinehund am Werk.

»eigentlich«

Sobald Sie das Wörtchen »eigentlich« hören, können Sie sich fragen: »Und uneigentlich?« Dann wissen Sie sofort: Eigentlich möchten Sie aufräumen, uneigentlich haben Sie aber gar keine Lust dazu. Aussagen mit »vielleicht« können Sie mit dem Wörtchen »wahrscheinlich« enttarnen: Vielleicht werden Sie entrümpeln, wahrscheinlich eher nicht.

Wischiwaschi-Formulierungen

Wenn Sie sich vornehmen, »nicht mehr so viel« zu kaufen, »ordentlicher« zu sein oder »mehr« aufzuräumen, wissen Sie selbst nicht genau, was das heißen soll: Wie viel ist denn gemeint? Das geht aus diesen Wischiwaschi-Formulierungen nicht hervor. Das Problem: Unser Gehirn kann nur eindeutige Vorgaben umsetzen. Mit Forderungen nach »mehr Ordnung« oder »weniger Chaos« kann es nichts anfangen. Unser Schweinehund aber schon – er weiß: Wieder ein Sieg nach Punkten!

»irgendwann«

Stellen Sie sich vor, Sie wollen etwas im Versandhandel bestellen. Sie fragen nach dem Liefertermin. Antwort: »Irgendwann.« Würden Sie hier kaufen? Niemals. Denn wahrscheinlich würde nie etwas geliefert. So ist es auch, wenn Sie »irgendwann« entrümpeln wollen, oder »bald« oder »mal«. Der Merksatz lautet: Kein Termin, keine Tat! Das bedeutet nicht, dass Sie alles bis ins Detail verplanen sollen. Aber größere Vorhaben wie eine Entrümpelungsaktion haben keine Chance, wenn Sie die Umsetzung dem Zufall überlassen. Ein bisschen Plan muss sein! Wie Sie einen solchen erstellen, erfahren Sie unten in »Der Entrümpelungsplan«.

»alles ganz anders«

Hier grüßt Herkules. Er nimmt sich zu große Aufgaben vor, wenn er »alles anders« machen will oder »alles auf einmal«. Letztendlich verwirklicht er gar nichts davon.

Der Entrümpelungsplan

Wer gut plant, kommt schnell ans Ziel. Auch eine Aufräumaktion lässt sich organisieren. Wenn Sie ein »rationaler« oder »sicherheitsbedürftiger Entrümpelungstyp« sind, fällt Ihnen das Planen wahrscheinlich recht leicht. Für »spontane« und »emotionale« Entrümpler ist es vielleicht eine größere Herausforderung – mit den folgenden Tipps werden Sie es aber auch in den Griff bekommen.

WARUM FALLEN DIESE VORSÄTZE DEM SCHWEINEHUND ZUM OPFER?

Lesen Sie sich die Sätze in Ruhe durch und denken Sie kurz nach: Wo steckt der Wurm in der Entscheidung?

1. Ich sollte vielleicht mal meinen Schreibtisch aufräumen.
2. Ich könnte in Betracht ziehen, ein bisschen auszumisten.
3. Ab morgen fange ich an, jeden Tag ein komplettes Zimmer zu entrümpeln.
4. Ich will versuchen, meine Sachen zu ordnen.
5. Ab morgen wohne ich ganz anders.
6. Eigentlich sollte ich nicht so viele nutzlose Sonderangebote kaufen.
7. Ich will ordentlicher sein.
8. Ich will mehr Zeit haben, meine Unterlagen in Ordnung zu halten.
9. Ich müsste wohl mal den Keller aufräumen.
10. Irgendwann nehme ich mir mal die Abstellkammer vor.
11. Ich müsste mal den Sperrmüll wegbringen.

Auflösung:

1. Wenn Sie »sollte« sagen, weiß der Schweinehund: Keine Gefahr – viel zu unverbindlich. Und »vielleicht« ist zu unkonkret.
2. »Könnte« ist unverbindlich. »In Betracht ziehen« heißt, dass Sie vielleicht mal drüber nachdenken. Und »ein bisschen« ist sehr schwammig: Was? Wo? Wie viel?
3. Überforderung! Ein Zimmer pro Tag ist schon zu viel, und das mehrere Tage in Folge ist viel zu viel.
4. Wenn Sie nur »versuchen«, wollen Sie es wahrscheinlich gar nicht wirklich. Und welche »Sachen« sind denn gemeint?
5. »Ganz anders« ist nicht mit einem klaren Bild verbunden. Wie genau? Unter »ganz anders« kann sich Ihr Gehirn nichts vorstellen. Außerdem lässt Herkules grüßen.
6. Das Wort »eigentlich« zeigt einen unklaren Vorsatz an. Und »nicht so viel« ist unkonkret. Wie viel darf es denn noch sein?
7. Mit »ich will« fängt der Satz gut an, aber »ordentlicher« ist ungenau. »Ordentlicher« als wer? Und um wie viel ordentlicher?
8. »Mehr Zeit« sagt nicht konkret, wie viele Stunden oder Tage damit gemeint sind.
9. Beim Wörtchen »müsste« schnappt der Schweinehund kurz zu – und hat den Vorsatz schon gefressen. Und »wohl mal« ist eine viel zu unverbindliche Zeitangabe.
10. »Irgendwann«? Da wird nicht klar, wann das sein soll.
11. »Müsste« ist unverbindlich, »mal« ist keine konkrete Zeitangabe.

Machbarkeit dank Salamitaktik

Herkulesvorhaben frisst der Schweinehund zum Frühstück. Daher gilt: Zerlegen Sie Ihre großen Planungsziele (Schrank entrümpeln, Abstellkammer aufräumen…) in kleine Einheiten. Es ist viel einfacher, jeden Tag eine Schublade oder ein Schrankfach in Ordnung zu bringen, als eine Großaktion zu starten. Um den Schweinehund bei der Stange zu halten, ist es wichtig, jede Aktion gut gelaunt bis zum Ende durchhalten zu können. Und das gilt auch, wenn Sie viele kleine Unordnungsecken zu sortieren haben. Nehmen Sie sich eine nach der anderen vor, verteilen Sie sie auf mehrere Tage. Der Schweinehund neigt dazu, kleine Vorhaben schlicht zu übersehen. Sie können das Pensum zu einem späteren Zeitpunkt dann immer noch steigern.

So gehen Sie vor

Verschaffen Sie sich zunächst einen Überblick über alle Bereiche, die Sie entrümpeln wollen. Nehmen Sie dazu bitte einen Stift und einen Notizblock, und begeben Sie sich auf einen Streifzug durch alle Zimmer Ihrer Wohnung: Wo sind die Ecken, in denen sich das Gerümpel versteckt? Notieren Sie alles, was Sie stört, und sei die Krempelansammlung noch so klein. Fertig? Gut.

Jetzt schlagen Sie den Raum-für-Raum-Fahrplan (Seite 150) oder den Entrümpel-Stundenplan (Seite 152) auf und kopieren Sie ihn. Tragen Sie ein, was Sie wann entrümpeln wollen. Dabei haben Sie zwei Möglichkeiten:

1. **Variante: Raum für Raum** Sie teilen Ihre Wohnung in Bereiche ein: Ein solcher Bereich kann Ihre Abstellkammer sein, Ihr Keller oder Ihr Kleiderschrank. Definieren Sie möglichst kleine Einheiten, die Sie in einem Rutsch erledigen können. Diese Methode eignet sich besonders für rationale oder sicherheitsbedürftige Entrümpelungstypen, also für Menschen, die gerne systematisch vorgehen.

2. Variante: Nach Stundenplan

Sie überlegen sich, wie lange Sie für welche Entrümpelungsaktion brauchen. Ganz kleine Aktionen dauern vielleicht nur eine Viertelstunde, umfangreichere zwei Stunden, wieder größere einen halben Tag, Großaktionen schließlich nehmen vielleicht mehrere Tage in Anspruch. Tragen Sie die Einheiten, die Sie entrümpeln wollen, in Ihren Tages-, Wochen-, Monats- oder Jahresplan ein. Diese Methode eignet sich besonders für emotionale und für spontane Entrümpelungstypen. Wenn Sie sich dazu zählen, können Sie sich mit regelmäßigem Ausmisten am besten motivieren. Der Grund: Sie denken und handeln eher assoziativ als systematisch.

Fahrplan festlegen

Tragen Sie nun feste Termine in Ihren Entrümpelungsfahrplan ein. Nehmen Sie auch Ihren Terminkalender zur Hand und notieren Sie darin Ihre Entrümpelungstermine. Verschaffen Sie Ihrem Vorhaben Präsenz in Ihrem Leben. Ganz wichtig: Planen Sie den zeitlichen Rahmen nicht zu knapp. Wir neigen meist eher dazu, ein Vorhaben zeitlich zu unterschätzen, als zu viel Zeit zu kalkulieren.

Entrümpelmethode auswählen

Es gibt verschiedene Vorgehensweisen, die unterschiedlich lang dauern. Wählen Sie eine aus, die zu Ihrem Typ passt, zum Ausmaß Ihres Krempels und zu der Zeit, die Ihnen zur Verfügung steht.

Kleine-Schritte-Technik

Sie können mehrere Ordnungszeiten blockieren, egal ob Sie sich für die »Raum-für-Raum-Methode« oder das »Entrümpeln nach Stundenplan« entschieden haben. Suchen Sie sich vor allem am Anfang am besten Tage aus, an denen Sie mindestens 90 Minuten lang ohne Unterbrechung ausmisten können. Wenn Sie zwei bis drei Stunden reservieren – umso besser. Nehmen Sie sich für jeden Termin einen bestimmten Bereich entsprechend Ihres Aufräumplans vor. Notieren Sie dies auf Ihrem Fahrplan und hängen Sie ihn gut sichtbar an die Wand. Wichtig ist, dass Sie die Arbeitseinheiten realistisch einschätzen. Lieber etwas zu klein als zu groß. Diese Methode eignet sich gut für rationale oder sicherheitsbedürftige Entrümpeltypen.

1 Aufräum-Tag oder -Wochenende

Statt mehrerer geblockter Einzeltermine können Sie für den Anfang auch einen ganzen Aufräumtag oder ein komplettes Wochenende einplanen. Wenn Sie sich eher zu den emotionalen oder spontanen Entrümpelungstypen zählen, könnte das die richtige Methode für Sie sein. Denn wenn dann mal der Anfang gemacht ist, ist es möglich, dass Sie in einen richtigen Ordnungsrausch geraten – geben Sie sich einer »Aufräumorgie« hin: Sie fangen mit einer kleinen Einheit dann. Dann nehmen Sie sich noch eine vor. Dann noch eine … Sie wandeln von Entrümpel-Erfolg zu Entrümpel-Erfolg und lassen sich langsam in den »Flow« hineinziehen (siehe Seite 62). Möglicherweise misten Sie bis spät in die Nacht aus. Am nächsten Morgen schlafen Sie Ihren »Ordnungsrausch« aus und erwachen in einer wunderbar ausgemisteten Wohnung.

Kombi-Methode

Sie können auch einen Mittelweg wählen zwischen der Schrittchen-Technik und dem Ordnungsrausch. Planen Sie für den Anfang eine große Aufräumaktion – ein ganzes Wochenende zum Beispiel, um die Abstellkammer zu entkrempeln. Daran schließen sich dann mehrere kleine Folgeaktionen, über die kommenden Wochen verteilt, an, bei denen Sie die Dinge ordnen, die Sie bei Ihrer großen Aktion zu sehr aufgehalten hätten: das Nähkästchen etwa oder die Diasammlung.

Abschlusstermin

Tragen Sie in Ihrem Fahrplan und Ihrem Terminkalender auch das Datum ein, an dem Ihre Entrümpelungsaktion jeweils abgeschlossen sein soll. Das ist wichtig: Sonst sind Sie verleitet, Termine zu verschieben. Oder Sie wursteln während Ihrer einzelnen Aktionen unproduktiv herum, statt zügig zum Ziel zu kommen.

DAS ZIELBILD IM BLICK

Übung

Eine ganz entscheidende Motivationshilfe ist ein leuchtendes Ziel. Stellen Sie sich also konkret und in bunten Farben vor, wie schön Ihre entrümpelten Wohnräume aussehen werden. Wie fühlt es sich an, von Raum zu Raum zu gehen? Wie ist die Beleuchtung? Welcher Duft strömt aus der Küche? Wie riecht das Wohnzimmer? Ist es warm?

Der Grund: Schweinehunde vertrauen auf ihr Gefühl – und Bilder erzeugen Gefühle. Deshalb ist es sinnvoll, sie damit zu überzeugen. Je kraftvoller die Vision ist, desto leichter können Sie sie verwirklichen.

Schließen Sie die Augen. Malen Sie sich aus, wie Sie Ihren besten Freund oder Ihre beste Freundin durch Ihre aufgeräumte Wohnung führen. Welche Komplimente macht er/sie über den neu gestalteten Eingangsbereich? Sie zeigen das Wohnzimmer. Auf welche Neuerungen möchten Sie gerne hinweisen? Dann gehen Sie in die Küche. Was macht Sie hier besonders stolz? Erzählen Sie, wie Sie auf die neuen Gestaltungsideen kamen und warum sie Ihnen so gut gefallen.

Stellen Sie sich alle Räume genau vor. Je intensiver und leuchtender Ihre inneren Bilder sind, desto leichter erreichen Sie Ihr Ziel.

Sofort anfangen

Ist jetzt Ihr Aufräumtermin? Denken Sie nicht mehr großartig nach, sondern fangen Sie einfach an. Wenn Sie den Start hinter sich haben, setzt der Prozess von alleine Energie frei, mit der Sie einfach weitermachen können. Ziehen Sie die erste Schublade heraus – oder was Sie sich als Startpunkt ausgesucht haben –, und kippen Sie den Inhalt aus. Haben Sie es bemerkt? Jetzt macht Ihr Schweinehund große Augen. Sie waren schneller als er. Sie sind ihm einfach davongelaufen.

Schluss mit der Aufschieberitis

Damit hat er nicht gerechnet. Denn eigentlich ist er spezialisiert darauf, Sie an der Ausführung Ihrer Pläne zu hindern. Zum Beispiel flüstert er Ihnen ins Ohr, es sei jetzt draußen zu schön, Sie hätten zu viel Stress oder zu schlechte Laune. Hören Sie nicht darauf. Es sind alles faule Ausreden. Dass Sie zum Ausmisten in der »richtigen Stimmung« sein müssen, ist auch ein Schweinehund-Märchen. Denn die Stimmung kommt beim Tun, genau wie der Appetit beim Essen.

Vorsicht, Ablenkungsmanöver!

Der Schweinehund hat noch mehr Tricks auf Lager: Sie haben sich etwas Größeres vorgenommen. Und plötzlich fühlen Sie sich ganz elend, wenn Sie nur daran denken. Das ist der Punkt, an dem der Schweinehund einhakt:

»Koch dir doch erst noch einen Kaffee«, sagt er dann. Danach passiert das Gleiche wieder: Sie fühlen sich beim Gedanken an Ihr Vorhaben noch unbehaglicher, und der Schweinehund lenkt Sie erneut ab. So geht es immer weiter, bis Sie am Abend erschöpft ins Bett fallen und sich ganz schrecklich fühlen: Sie nehmen sich vor: Ab morgen wird alles ganz anders! Und der Schweinehund grinst dazu.

Mit drei Schritten zum Ziel

Nun zurück zu Ihrer Schublade.

Erst mal alles raus

Räumen Sie die Sachen ruhig erst einmal auf den Fußboden – da können Sie gut sortieren. Wenn Sie sich eine Tour mit dem Staubsauger sparen wollen und keine Kiste zur Hand haben, legen Sie ein großes Tuch aus.

Reinigen

Holen Sie sich passendes Putzzeug und befreien Sie die entrümpelte Zone von Krümeln und Staub. Erstaunlich, was sich in den Ecken einer Schublade alles ansammelt, nicht wahr?

Sofort einräumen

Schauen Sie die Sachen durch, die Sie vor sich liegen haben. Sortieren Sie so viel wie möglich aus. Jedes Ding muss einen dreifachen Test bestehen: Mag ich es gern? Habe ich es in den letzten zwölf Monaten nützlich gefunden? Würde ich es in fünf Jahren vermissen, wenn ich es jetzt aussortiere? Bei dreimal »Ja« hat es bestanden und darf wieder an seinen alten Platz zurück.

Gerümpel sortieren

Das, was jetzt noch vor Ihnen liegt, wandert in eine große Kiste. Wenn Sie alles auf einem Tuch ausgebreitet haben, können Sie dieses auch einschlagen und verknoten. Es ist nicht notwendig, dass Sie den Krempel sofort sortieren. Sie können sich dafür auch in den nächsten zwei bis drei Monaten immer wieder Zeitnischen schaffen.

Zum Sortieren brauchen Sie vier Kisten, die Sie in der Abstellkammer oder im Keller aufbewahren können. Schreiben Sie groß und deutlich darauf: »Weg damit!«, »Reparieren«, »Weitergeben« und »Entscheiden«.

Weg damit!

In die erste Kiste werfen Sie alles, was auf den Müll gehört. Dazu gehören Dinge, die endgültig kaputt sind oder die Sie mindestens ein Jahr lang nicht benutzt haben. Sie können auch alles aussortieren, was Sie nicht leiden können oder hässlich finden. Das können Sie gleich in Ihrer Mülltonne versenken.

Reparieren

Hier sammeln Sie alle defekten Dinge, die Sie reparieren wollen. Kleben Sie auf jeden Gegenstand ein Post-it mit einem Datum, bis wann Sie die Reparatur erledigt haben wollen. Schaffen Sie es nicht bis dahin, kann es nicht so wichtig sein. Dann weg damit.

Weitergeben

In diese Kiste kommt alles, was zu schade für den Abfalleimer ist. Also Dinge, die Sie verkaufen oder verschenken möchten. Hier sammeln Sie auch all die Gegenstände anderer Leute, die bei Ihnen Wurzeln geschlagen haben und die Sie zurückgeben wollen. Bei kleineren Sachen ist es übrigens sinnvoll, sie in einen Umschlag zu stecken und per Post zu schicken. Dazu legen Sie einen Zettel: »Räume gerade auf. Herzliche Grüße von XY!« Das reicht völlig aus. Briefmarke drauf und weg damit. So ist der Fall erledigt.

Entscheiden

Bei einigen Sachen wissen Sie vielleicht noch nicht, ob Sie sich davon trennen möchten oder nicht. Das macht nichts. Legen Sie diese Dinge in Ihre »Entscheiden«-Kiste und warten Sie ab. Schauen Sie die Kiste immer wieder durch – bei einigen Gegenständen wissen Sie schon nach einer Woche, dass Sie diese nie wieder brauchen werden. Bei anderen kann es ein Jahr lang dauern oder noch länger, bis Sie sich entschieden haben. Darüber brauchen Sie sich keine Sorgen zu machen. Das ist ein ganz normaler Prozess. Wenn Sie sich langsam und mit einem guten Gefühl von Ihrem Gerümpel verabschieden, sind Sie es auch wirklich los. Sonst trauern Sie den Sachen vielleicht doch noch hinterher.

Wenn Sie sehr unentschieden sind, schließen Sie die Kiste und rühren Sie sie einen Monat lang nicht an. Dann überlegen Sie – ohne hineinzuschauen! –, was sich alles darin verbirgt. Sie wissen es nicht mehr? Also: Weg damit. Alle Dinge, an die Sie sich erinnern können, behalten Sie noch eine Weile.

SO MACHEN SIE IHREN KRAM ZU GELD

Vieles von Ihrem Gerümpel können andere Menschen vielleicht noch gebrauchen. Bieten Sie es einfach zum Verkauf an!

Second-Hand-Läden

Für Ihre aussortierte Kleidung und abgelegte Kinderkleidung eignen sich Second-Hand-Läden. In fast jeder Stadt gibt es auch Antiquariate für Bücher, Geschäfte für gebrauchte Foto- und Videoausrüstungen oder auch Musikinstrumente. Viele nehmen Ihre Sachen in Kommission: Sie bekommen also Ihr Geld, wenn die Stücke verkauft worden sind. Manche bieten auch einen Bar-Ankauf an. Dann bekommen Sie das Geld sofort.

Schwarze Bretter

Viele Supermärkte haben »Schwarze Bretter«, die Privatleute benutzen können: Besonders werbewirksam wird Ihr Aushang mit einem Foto von Ihrem Angebot. Beschränken Sie sich auf die wichtigsten Angaben: Was ist es? Wie ist es beschaffen (Maße, Gewicht, Zustand)? Wie viel soll es kosten? Nicht vergessen: Ihre Telefonnummer. Auch in Unternehmen oder öffentlichen Institutionen (Kirchen, Kindergärten) gibt es »Schwarze Bretter«.

ebay

Sicher haben Sie von dem riesigen Internet-Auktionsmarkt »ebay« gehört (www.ebay.de). Hier können Sie so gut wie alles anbieten.

Entweder per Versteigerung oder zum Festpreis. Es funktioniert ganz einfach – schauen Sie sich die Sache mal an. Wenn Sie unsicher sind, kann Ihnen sicher ein Bekannter helfen, oder Sie buchen einen entsprechenden Kurs an der Volkshochschule. Tipp: Selbst sperrige Sachen können Sie loswerden, schreiben Sie einfach »nur gegen Abholung« ins Angebot.

Flohmarkt

Flohmärkte kennen Sie sicher aus der Perspektive der Einkäufer. Wechseln Sie doch mal die Seite! Suchen Sie sich einen attraktiven Flohmarkt aus; Informationen dazu finden Sie im Internet unter www.marktcom.de. Stellen Sie Ihren Stand möglichst früh auf. Attraktive Standorte befinden sich da, wo tagsüber die Sonne scheint und viele Menschen zwangsläufig vorbeikommen. Oft gibt es so etwas wie eine Hauptverkehrsader auf einem Flohmarktplatz. Hier sind Sie richtig. Sie stellen einen Tapeziertisch und Stühle auf und im Sommer außerdem einen Sonnenschirm oder ein Partyzelt (Baumarkt). Bedecken Sie den Tisch mit einem farbigen Tuch und präsentieren Sie Ihre schönsten und teuersten Produkte wie in einem Schaufenster. Nicht zu viel auf einmal! Beliebt sind auch Kram-Kisten mit Kleinteilen.

Richtung festlegen

Angenommen, Ihr Entrümpelungstermin ist da. Sie stehen vor dem Bereich, den Sie sich vorgenommen haben, und finden keinen Anfang. Was tun? Auf unübersichtlichem Terrain – in einer verrümpelten Abstellkammer oder einem chaotischen Kinderzimmer zum Beispiel – können Sie dem Krempel nach einem geometrischen Muster zu Leibe rücken: von hinten rechts nach vorne links. Oder von oben nach unten. Suchen Sie sich eine Reihenfolge aus, zu der Sie Lust haben, es gibt kein »richtig« oder »falsch«.

Wenn Sie zum spontanen oder emotionalen Entrümpelungstyp zählen, können Sie sich auch davon leiten lassen, was Ihnen besonders auf die Nerven fällt. Das kommt als Erstes weg. Fangen Sie mit den kleinen Nerv-Ecken an, so können Sie sich schnell über Erfolgserlebnisse freuen. Zum Beispiel so: Sie misten zuerst Ihre Sockenschublade aus. Dann das Fach mit den T-Shirts. Dann das mit den Sportklamotten. Und ehe Sie sichs versehen, haben Sie Ihren ganzen Schrank sortiert.

Ordnungsinseln schaffen

Sehr motivierend ist es, wenn Sie gut sichtbare »Ordnungsinseln« schaffen. Das kann ein Tisch sein, der bei Ihnen traditionell gar nicht mehr zu sehen ist vor lauter Kram. Räumen Sie ihn frei. Oder entrümpeln Sie den Flur. Erfolge wie diese sind für alle gut sichtbar. Das setzt Kraft frei, weiterzumachen.

Die Aktion genießen

Es lässt sich nicht leugnen: Entrümpeln kann körperlich ein wenig anstrengend sein. Immerhin räumen Sie eine Menge hin und her. Machen Sie sich die Aktion gerade deshalb zu einem sinnlichen Genuss: Legen Sie Musik auf, die Sie in eine gute Stimmung versetzt. Wenn Sie ein sehr emotionaler Mensch sind, der beim Ausmisten in vielen Gefühlen schwelgt, dann wählen Sie Musik aus, die sie »aus den Wolken holt«. Nichts Verträumtes also, lieber etwas Rockiges. Lassen Sie sich beim Entrümpeln sehr von Ihrem Verstand leiten? Dann gönnen Sie sich gefühlvolle Musik. Sie wird Ihnen helfen, in Kontakt mit Ihren Emotionen zu kommen. Trinken Sie beim Sortieren von kleineren Dingen – Briefe oder Souvenirs – eine Tasse Ihres Lieblingstees oder ein Glas Wein.

Kurz: Belohnen Sie sich nicht erst hinterher für Ihre Anstrengung. Lassen Sie es sich schon beim Ausmisten gut gehen.

Durchhalten und weitermachen

Wenn Sie nach der Salamitaktik vorgehen, kann sich Ihre Entrümpelungsaktion über ein paar Wochen oder sogar Monate hinziehen. Das ist eine lange Zeit. Es können durchaus Phasen auftreten, in denen Sie keine Lust mehr haben. Ihr Plan versandet langsam. Punktsieg für Ihren Schweinehund! Lassen Sie ihn nicht einfach so gewinnen. Werfen Sie also nicht aus einem plötzlichen Gefühl heraus Ihr Vorhaben über Bord. Das gilt besonders für spontane und emotionale Entrümpler. Bleiben Sie innerlich standhaft. Sprechen Sie mit Ihrem Schweinehund. Wenn er wirklich rational nachvollziehbare Gründe gegen Ihre Aktion vorbringt, sollten Sie diese ernst nehmen. Vielleicht sind Sie innerlich noch nicht so weit, sich von gewissen Sachen zu trennen. Dann geben Sie Ihr Ziel nicht auf, sondern ändern Sie Ihren Zeitplan. Oder es tut Ihnen körperlich nicht gut, schwere Bücherkisten zu schleppen. Organisieren Sie sich lieber Hilfe, statt Ihr Vorhaben abzubrechen.

Negative Emotionen

Es kann sein, dass Sie beim Entrümpeln schlechte Laune bekommen. Warum? Sie ärgern sich über die Sachen anderer Leute, die bei Ihnen herumstehen, oder Sie erinnern sich an unschöne Situationen. Sie brauchen vor diesen negativen Emotionen nicht davonzulaufen. Sie fühlen sich zwar nicht so gut an, können Ihnen aber nicht wirklich schaden. Versuchen Sie, durch diese Gefühle »hindurchzugehen«. Dann haben Sie es hinter sich. Solange Sie negative Emotionen immer zur Seite schieben, tauchen sie wieder auf.

Pausen sind erlaubt

Vielleicht fühlen Sie sich an einem Entrümpelungstermin einmal gar nicht gut. Sie sind körperlich nicht fit und Ihre Laune ist einfach mies. Seien Sie ehrlich zu sich selbst: Ist hier

Ich helfe gern!

Unangenehme Gefühle kann ich nicht leiden. Ich weiß genau, was dagegen hilft: Schnell den Fernseher einschalten oder Schokolade essen. Meist gelingt es mir, meinen Menschen mit so einer Verführung aus seinem emotionalen Tief herauszuholen. Langfristig hilft das nicht, ich weiß. Aber ich bevorzuge immer die schnelle Lösung.
Mein Mensch hat einen Trick entwickelt, mit dem er mir das Leben schwer macht. Er fragt mich: »Muss ich das wirklich tun? Sofort?« Zweimal »Nein«! Natürlich muss er nie »wirklich« und »sofort« etwas Süßes essen. Das weiß ich auch. Aber ich bin ganz gut darin, ihm das einzureden …

nur Ihr Schweinehund am Werk oder haben Sie sich wirklich zu viel vorgenommen? Wenn Sie tatsächlich eine Pause brauchen, dann gönnen Sie sich eine. Vor allem rationale und sicherheitsbedürftige Entrümpler neigen dazu, sich zu überanstrengen. Eine notwendige Pause ist etwas völlig anderes, als einen Plan aufzugeben. Setzen Sie einfach einen neuen Termin fest und machen Sie dann weiter, als sei nichts geschehen.

Schritte beobachten

Das Entrümpeln hat einen großen Vorteil: Sie können Ihre Ergebnisse ganz schnell sehen! Dennoch: Kontrollieren Sie Ihren Fortschritt. Das verschafft Ihnen Klarheit, an welchem Punkt Sie jetzt stehen, und spornt Sie an, weiterzumachen. Dabei hilft eine zusätzliche Visualisierung; mit ihr können Sie Ihren inneren Schweinehund beeindrucken! Suchen Sie sich aus den Visualisierungen im Übungskasten die für Sie geeignetste aus.

VISUALISIEREN SIE!

Ampel:

Zeichnen Sie den Grundriss Ihrer Wohnung auf ein großes Blatt Papier. Hängen Sie das Blatt an einer gut sichtbaren Stelle an die Wand oder oder an eine Tür. Markieren Sie mit roten oder pinkfarbenen Post-its die Ecken, die Sie ausmisten wollen. Schreiben Sie Details auf die Post-its. Im Bad steht dann zum Beispiel: »Spiegelschrank, Zeitungsstapel, Sammlung von Hotel-Duschgel-Fläschchen.« Sobald Sie eine Ecke fertig entrümpelt haben, entfernen Sie das entsprechende Post-it und kleben einen grünen Zettel dorthin. Zeichnen Sie einen Smiley darauf oder ein anderes Symbol, das Sie positiv stimmt. Diese Methode eignet sich für alle Typen, besonders aber für spontane und emotionale Entrümpler.

Puzzle:

Überlegen Sie sich, in wie vielen Teilschritten Sie entrümpeln wollen. Dann besorgen Sie sich ein schönes Bild und kleben es auf eine Pappe auf. Zerschneiden Sie das Bild in so viele Stücke, wie Sie Arbeitsschritte festgelegt haben. Auf die Rückseite jedes Stücks notieren Sie dann einen Arbeitsauftrag: Kinderzimmer-Regal, Garderobe … Hängen Sie nun an einem gut sichtbaren Platz in Ihrer Wohnung eine zweite Pappe in der Größe des Bilds auf. Sobald Sie einen Teilschritt geschafft haben, kleben Sie das entsprechende Puzzle-Stück darauf. So entsteht vor Ihren Augen langsam das fertige Bild. Mit dieser Methode nutzen Sie eine Eigenart Ihres Gehirns: Es liebt fertige »Gestalten«. Wenn irgendwo etwas fehlt, rätselt es sofort, was das sein könnte. Wenn das Bild endlich fertig ist, belohnt es Sie mit Glücksgefühlen. Die Puzzle-Methode eignet sich vor allem für emotionale Entrümpler. Für rationale Typen ist sie möglicherweise zu verspielt.

Liste:

Als rationaler oder sicherheitsbedürftiger Entrümpeltyp können Sie Ihre Gerümpel-Liste an die Wand hängen. Sobald Sie einen Punkt erledigt haben, streichen Sie ihn mit einem dicken Stift durch.

Prosit, geschafft!

Sie haben einen Etappensieg über Ihr Gerümpel errungen? Glückwunsch! Feiern Sie sich selbst! Sie haben es sich verdient. Eine Belohnung freut auch Ihren inneren Schweinehund. Schließlich hat er so lange stillgehalten, dass Sie Ihr Ziel erreicht haben. Betrachten Sie Ihren kleinen Begleiter als Ihren persönlichen Mitarbeiter, Sie sind sein Chef. Also seien Sie ein guter Chef und verteilen Sie Lob und Anerkennung großzügig. Wenn Sie selbst Vorgesetzte haben, wissen Sie ja, wie gut echte Anerkennung tut. Und Sie wissen umgekehrt, wie frustrierend es ist, wenn Erfolge einfach unter den Teppich gekehrt werden.

Belohnen Sie sich

Eigentlich ist die vollbrachte Tat und Ihre Freude darüber ja schon Belohnung genug. Es spricht aber überhaupt nichts dagegen, wenn Sie noch eins draufsetzen. Das spornt Sie an, weiterzumachen. Damit Sie sich schon im Vorfeld freuen können, legen Sie eine Liste mit Belohnungen an, die Sie sich schon immer mal gönnen wollten. Denken Sie dabei vorzugsweise nicht an die Anschaffung neuen Krempels! Genießen Sie einfach jede Ecke Ihrer schönen neuen Wohnung:

Ihr Wohnzimmer
- Schauen Sie einen schönen Film an.
- Gönnen Sie sich einen neuen Roman.
- Hören Sie ein Hörbuch oder schöne Musik.

- Lesen Sie eine Zeitung oder Zeitschrift.
- Meditieren Sie oder machen Sie Yoga.

Ihre Küche
- Kochen Sie etwas Köstliches.
- Probieren Sie eine neue Tee-Sorte aus.
- Wenn Sie eine Wohnküche haben: Essen Sie gemeinsam mit anderen.
- Laden Sie jemanden zum Kaffee ein.

Ihr Bad
- Lassen Sie sich ein Schaumbad ein.
- Genießen Sie ein neues Kosmetik-Produkt.
- Probieren Sie eine neue Frisur aus.

Ihr Schlafzimmer
- Halten Sie mal einen Mittagsschlaf!
- Lesen Sie ein Buch oder hören Sie Musik.
- Lassen Sie sich massieren.

Kinderzimmer
- Genießen Sie es, dass Ihre Kinder schön spielen, und tun Sie etwas für sich!

Schöne Erlebnisse
- Wollen Sie nach getaner Arbeit endlich raus? Verbinden Sie das aber nicht mit einer kurzen Fahrt zum Wertstoffhof, was wieder mit dem Entrümpeln zu tun hat.
- Setzen Sie sich in ein Straßencafé, auf Ihren Balkon oder in Ihren Garten – und tun einfach gar nichts.
- Verbringen Sie einen Nachmittag im Park.
- Probieren Sie ein neues Restaurant aus.
- Gönnen Sie sich einen Sauna-Abend.
- Besuchen Sie Freunde.
- Fahren Sie Fahrrad oder Inline-Skates.

Was Ihnen beim Entrümpeln hilft

Sie müssen nicht alles alleine schaffen. Wenn Ihnen das Gerümpel über den Kopf wächst, können Sie sich Unterstützung organisieren. Von Entrümpelungsprofis, von Freunden oder der Familie – und von Ihrem eigenen Schweinehund. Wie das geht, erfahren Sie hier. Lesen Sie außerdem, wie Ihnen eine Umzugs-Fantasie auf die Sprünge hilft. Und erfahren Sie, wie Sie die Kraft des Rhythmus beim Ausmisten nutzen können. Bleiben Sie das ganze Jahr über dran!

Suchen Sie sich Hilfe

Es ist überhaupt kein Zeichen von Schwäche, die Hilfe von anderen Menschen in Anspruch zu nehmen. Im Gegenteil: Staatschefs oder Manager haben häufig Berater, die ihnen mit Expertenwissen zur Seite stehen. Es zeugt eher von Klugheit, seine eigenen Grenzen zu kennen und zu wissen, wann man welche Profis fragt. Sie beauftragen ja auch manchmal Handwerker oder gehen zum Arzt, wenn

Sie krank sind. Warum organisieren Sie sich nicht auch Unterstützung beim Entrümpeln?

Ihr Entrümpel-Coach

Ein Coach muss kein Profi sein, der viel Geld kostet. Fragen Sie einfach in Ihrem Freundeskreis oder Ihrer Familie, ob jemand Ihr persönlicher Entrümpel-Coach sein möchte. Wenn Sie selbst beim Ausmisten eher spontan oder emotional sind, sollte diese Person eher ein rationaler oder sicherheitsbedürftiger Typ sein. Sie wird Ihnen dabei helfen, aus dem Überschwang Ihrer Gefühle und Ideen herauszukommen und Ihren Plan weiter umzusetzen. Lassen Sie sich beim Entrümpeln stark vom Ihrem Verstand leiten, tut Ihnen vielleicht der Beistand eines eher gefühlsbetonten oder spontanen Coach gut. Er oder sie hilft Ihnen dabei, negative Gefühle zu durchleben und nicht wegzuschieben. Ihr Coach muss kein perfekter Ordnungsmensch sein. Es kann sogar sein, dass Sie beide ein Aufräumproblem haben und sich gegenseitig »coachen«. So könnten Sie zum Beispiel vereinbaren, dass Sie sich in regelmäßigen Abständen anrufen und sich nach Ihren Fortschritten erkundigen.

Entrümpelungsprofis

Dass Sie mit Ihrem Gerümpel nicht alleine dastehen, sehen Sie schon an den vielen Anti-Gerümpel-Dienstleistern. Schauen Sie in die Gelben Seiten. Oder halten Sie die Augen offen: Oft sind Fahrzeuge dieser Dienstleister zu sehen, auf denen Telefonnummer oder Internet-Adresse angegeben sind.

Es gibt zwei Arten Entrümpler: die Alles-Raus-Entrümpler und die Neu-Organisierer. Wenn Sie einen Keller, einen Dachboden oder eine ganze Wohnung haben mit Krempel, der unsortiert entsorgt werden muss, rufen Sie einen Alles-Raus-Entrümpler an. Diese »Jungs« kommen dann mit einem Lieferwagen oder gleich einem Container und laden alles ein. Neu-Organisierer dagegen bieten eine umfassende Dienstleistung. Sie helfen zum Beispiel im Büro dabei, das viele Papier in ein System zu bringen und die Arbeitsabläufe zu strukturieren. Es gibt auch Experten für das Chaos im Kleiderschrank: Sie helfen beim Ausmisten, bringen die Garderobe in ein logisches System und helfen eventuell auch noch dabei, fehlende Kleidungsstücke zu kaufen.

Der Schweinehund-Vertrag

Wenn Sie schon oft mit dem Entrümpeln begonnen haben und immer wieder gescheitert sind, Ihr Schweinehund also ein besonders hartnäckiger Fall ist, bietet sich ein Vertrag mit Ihrem inneren Widersacher an. Das klingt vielleicht zunächst etwas eigenartig, dahinter verbirgt sich jedoch folgende Überlegung: Ihr Schweinehund verfolgt mit seinen Aktionen immer eine für Sie positive Absicht, auch wenn das auf den ersten Blick oft nicht zu erkennen ist. Zum Beispiel:

81

DIE RICHTIGE UNTERSTÜTZUNG

Je nach Typ brauchen Sie beim Entrümpeln ganz unterschiedliche Arten von Hilfe. Sorgen Sie dafür, dass Ihr Unterstützer einen Gegenpol zu Ihrem eigenen Entrümpelungstyp darstellt!

Rationale Entrümpler

Wahrscheinlich wollen Sie gar keine Hilfe. Aber sie könnte Ihnen gut tun: Lassen Sie sich von jemandem helfen, der ein eher emotionaler oder spontaner Entrümpelungstyp ist. Eine solche Person kommt vielleicht auf gute Gestaltungsideen, während Sie ausmisten. Sie weiß intuitiv, wie man Wohnungen gemütlicher macht. Wenn Sie sich etwas mehr Behaglichkeit wünschen, können Sie sich von solchen Anregungen inspirieren lassen.

Sicherheitsbedürftige Entrümpler

Sie neigen dazu, sich beim Ausmisten irgendwo »festzubeißen«. Lassen Sie sich deshalb von jemandem unterstützen, der die Sache locker sieht: vielleicht eher ein verständnisvoll-emotionaler Typ als ein spontaner. Der emotionale Typ kann Sie dazu ermutigen, manches einfach durchzuziehen, statt es perfekt zu tun. Und er oder sie kann Sie auch zu Entscheidungen ermutigen: Es muss nicht alles zunächst im Zwischenlager warten. Vieles kann auch direkt auf die Müllkippe. Treffen Sie Ihre Entscheidungen schnell. Das erleichtert die Sache oft.

Spontane Entrümpler

Für Sie kann die Unterstützung eines rationalen Entrümpelungstyps hilfreich sein. Auch sicherheitsbedürftige Typen eignen sich theoretisch – aber hier ist das Konfliktpotenzial vielleicht zu groß. Es kann sein, dass Sie solche Menschen als pedantisch empfinden. Und das regt Sie dann eher auf, als dass es Sie weiterbringt. Ein bisschen System hingegen hilft Ihnen, schnell Fortschritte zu erzielen. Ein rationaler oder sicherheitsbedürftiger Mensch kann Ihnen auch dabei helfen, zu erkennen, was eigentlich Ihnen gehört und was nicht. Und er unterstützt Sie dabei, das aussortierte Gerümpel tatsächlich zu entsorgen.

Emotionale Entrümpler

Auch für Sie kann ein rationaler oder sicherheitsbedürftiger Entrümpelungstyp hilfreich sein. Er hilft Ihnen dabei, trotz der beim Ausmisten aufgewühlten Gefühle den Durchblick zu behalten. Und er kann Sie dazu bringen, Ihren Kram tatsächlich wegzubringen, statt ihn doch wieder im Keller zwischenzulagern. Zusammen schaffen Sie es auch, den Entrümpelungsplan bis zum Schluss durchzuhalten.

- Sie wollen den Kleiderschrank ausmisten, können sich aber einfach nicht entscheiden, etwas wegzuwerfen.
- Immer wenn Sie einen Entrümpelungstermin festgelegt haben, funkt der Schweinehund dazwischen. Sie haben plötzlich starkes Kopfweh oder verletzen sich »zufällig« und sind deshalb außer Gefecht gesetzt.

So wäre also zunächst einmal zu ergründen, welche Absichten Ihr Schweinehund mit seinen Sabotageaktionen eigentlich bezweckt.

Die positive Absicht würdigen

Vielleicht hindert Sie der Schweinehund am Ausmisten Ihres Kleiderschranks, weil er Ihnen die Einsicht ersparen will, dass Sie nur sehr wenige Sachen haben, die Ihnen richtig gut gefallen und passen? Seine positive Absicht: Sie sollen sich schön und wohlhabend fühlen, vielleicht ein bisschen wie eine Diva mit riesiger Garderobe.

Vielleicht beschert Ihnen der Schweinehund Kopfschmerzen, weil Sie sowieso schon total überlastet sind? Seine positive Absicht: Er will Sie schonen. Entschlüsseln Sie also die positiven Beweggründe Ihres kleinen Begleiters – und würdigen Sie diese!

Alternativen vorschlagen

Verhandeln Sie mit Ihrem Schweinehund. Fragen Sie ihn, ob er Sie mit seinen Sabotageakten in Frieden lässt, wenn Sie die von ihm verfolgte Absicht auf einem anderen Weg erreichen. Meist gibt es einen Kompromiss, wie sich gleichzeitig auch Ihre eigenen Ziele verwirklichen lassen. Suchen Sie mit ihm zusammen nach jeweils drei Möglichkeiten.

Beispiel Kleiderschrank:

1. Sie können eine Farb- und Stilberatung in Anspruch nehmen,
2. Ihre Garderobe zusammen mit einer Freundin aufrüsten,
3. Sport treiben und Diät halten, bis Ihnen die zu engen Stücke wieder passen.

Beispiel Kopfschmerzen:

1. Sie können sich Hilfe suchen.
2. Sie können Ihren Terminkalender durchforsten. Welche Aktivitäten können Sie in der nächsten Zeit streichen, damit Sie mehr Zeit zum Entrümpeln haben?
3. Sie können Ihre Arbeitsabschnitte verkleinern.

Vertrag besiegeln

Haben Sie eine Entscheidung getroffen? Dann können Sie nun den Vertrag mit Ihrem Schweinehund besiegeln. Nehmen Sie ein Blatt Papier, auf dem Sie Ihre Vereinbarung schriftlich niederlegen. Sie verpflichten sich, die gewählte Alternative wirklich umzusetzen, und Ihr widerborstiger Begleiter garantiert Ihnen, Sie beim Entrümpeln nicht mehr zu behindern. Dann unterschreiben Sie.

Wichtig: Halten Sie sich an Ihre Abmachung. Vertragsbruch quittiert der Schweinehund umgehend mit neuen Sabotageakten!

Zusammen macht's mehr Spaß

Wenn Sie eine starke Aversion gegen das Ausmisten haben, kann es sein, dass das gar nicht an der Arbeit selbst liegt. Vielleicht frustriert Sie nur die Aussicht, ein paar Stunden allein mit Ihrem Krempel verbringen zu müssen. Ist das so? Dann beziehen Sie andere mit ein. Vielleicht gibt es jemanden in Ihrem Bekanntenkreis oder in Ihrer Familie, der in der gleichen Lage ist wie Sie. Vereinbaren Sie Doppel-Termine! Erst knöpfen Sie sich eine Ecke in der einen Wohnung vor, dann in der anderen, und dann lassen Sie sich mit Kaffee und Kuchen aufs Sofa fallen und feiern Ihren Erfolg. Einer anderen Person fällt der Umgang mit Ihrem Gerümpel voraussichtlich viel leichter als Ihnen selbst, denn sie hat keine so tiefe gefühlsmäßige Verbindung dazu. Aus dieser inneren Distanz heraus sieht sie alles viel nüchterner als Sie. Für emotionale und spontane Entrümpeltypen kann ein solcher Beistand besonders hilfreich sein.

Grenzen klären

Sie wohnen nicht allein? Dann funktioniert Ihre Entrümpelungsaktion nur, wenn Sie alle

SO VERHANDELN SIE MIT DEM SCHWEINEHUND

Info

1. Entschlüsseln Sie die positiven Beweggründe, die hinter den Sabotageaktionen Ihres kleinen Begleiters stehen.
2. Sagen Sie ihm, dass Sie seine positive Absicht verstanden haben und gut finden.
3. Suchen Sie gemeinsam mit Ihrem Schweinehund drei andere Wege, auf denen seine gute Absicht verwirklicht werden kann.
4. Lassen Sie ihn die beste Möglichkeit auswählen.
5. Besiegeln Sie den gewählten Weg mit einem Vertrag. Halten Sie sich dran!

einbeziehen. Nein, keine Sorge: Sie brauchen nicht jeden davon zu überzeugen, dass er oder sie jetzt dringend auch ausmisten muss. Um Streit zu vermeiden, ist Klarheit darüber notwendig, was wem gehört. Es steht Ihnen nicht zu, das Gerümpel anderer Menschen wegzuwerfen. Sie würden es auch nicht wollen, wenn irgendjemand Ihre schönen Erinnerungsstücke in die Mülltonne wirft! Also: Stecken Sie Zonen ab. Solche, in denen Sie nach Lust und Laune entrümpeln können. Und andere, in denen Sie nichts verloren haben. Das sind zum Beispiel die Zimmer Ihrer (älteren) Kinder oder das Arbeitszimmer Ihrer Partnerin oder Ihres Partners.

Ihr Partner/Ihre Partnerin

Auch wenn Sie sich über das Gerümpel ganz
schrecklich aufregen: Es geht Sie nichts an.
Schließen Sie die Tür oder schauen Sie daran
vorbei. Die Erfahrung zeigt, dass Entrümpelungsaktionen ansteckend sind. Die Energie,
die Sie bei sich selbst freisetzen, wirkt auch auf
die Menschen in Ihrer Umgebung. Nehmen
Sie diesen Effekt wohlwollend zur Kenntnis
und verlieren Sie keine großen Worte darüber.
Denken Sie daran: Auch die anderen haben
Ihre Schweinehunde. Sätze wie »Endlich hast
du es auch eingesehen!« oder »Das wurde ja
mal Zeit!« bringen das ungezähmte Wesen
Ihres Gegenübers sofort auf die Barrikaden.

Ihre Kinder

Es ist sehr verlockend, die Zimmer älterer
Kinder aufzuräumen und deren Gerümpel zu
entsorgen. Aber auch Kinder haben ein Recht
darauf, dass man ihr Eigentum respektiert.
Auch wenn es schwierig nachzuvollziehen ist,
was an einem Plastikspielzeug oder Papier-
flugzeug so wertvoll ist: Es gehört Ihnen
nicht. Erinnern Sie sich an die Zeit, als Sie
selbst Kind waren. Haben Sie sich nicht auch
geärgert, wenn plötzlich ein geliebter Gegenstand gefehlt hat? Wenn Ihre Mutter Ihre
Sachen aufgeräumt hat und Sie nichts mehr
wiederfinden konnten? Tun Sie das Ihren
Kindern nicht an. Helfen Sie ihnen lieber dabei, ein vernünftiges Ordnungssystem auf-
zubauen. Wie das geht, lesen Sie auf Seite 96.

Was heißt hier Sabotage?

*Jahrelang hat mein Mensch sich
gequält: »Mehr Disziplin!«, hat er sich
selbst jeden Tag gesagt. Dabei hat er
sich furchtbar angestrengt. Ich musste
regelmäßig einschreiten, damit er sich
nicht total verausgabt. Dafür hat er
mich dann auch noch beschimpft.
Zum Glück ist das heute anders.
Mein Mensch hat verstanden, dass ich
es gut mit ihm meine. Vor lauter Ärger
fällt es ihm zwar manchmal schwer,
meine positive Absicht zu erkennen,
aber er bekommt immer mehr Übung
darin. Wenn ich mal wieder seine
Pläne durchkreuzt habe, setzt er sich
hin und zieht Bilanz. Er fragt mich:
»Lieber Schweinehund, stehe ich zur
Zeit zu sehr unter Stress? Woher
kommt der Druck? Was können wir
ändern?« Und dann überlegen wir
gemeinsam. Das klappt sehr gut!
So gut, dass mein Mensch jetzt häufig
schon im Vorfeld erkennt, wenn es
ihm zu viel wird. Ich muss gar nicht
mehr so oft eingreifen. Meine schöne
Kiste mit den Sabotage-Tricks ist schon
ganz verstaubt …*

Die Umzugsfantasie

Diese Entrümpelungsstrategie erinnert an die alte Frage: »Was würden Sie auf eine einsame Insel mitnehmen?« Für das Thema Ausmisten hilft diese Frage natürlich nicht allzu sehr weiter, weil die Transportkapazität für die Reise zur »einsamen Insel« nun wirklich sehr knapp bemessen ist. Trotzdem ist es eine gute Idee, die Fantasie zu Hilfe zu nehmen. Denn sie ermöglicht ein »Probehandeln im Denken«. Dafür müssen Sie keinen Finger krumm machen. Stellen Sie sich also vor, was Sie bei einem Umzug mitnehmen würden. Widerstehen Sie dabei der Versuchung, im Geiste alles Mögliche im Keller einzulagern!

Regelmäßig geht's leichter

Wollen Sie dauerhaft gerümpelfrei leben? Dann nutzen Sie die Kraft des Rhythmus. Wenn Sie es schon einmal geschafft haben, in Ihrem Leben etwas dauerhaft zu ändern, dann kennen Sie das Phänomen vielleicht schon. Regelmäßiges Joggen zum Beispiel lässt sich am leichtesten durchhalten, wenn es jeden Tag zur selben Uhrzeit stattfindet und im selben Park. So ist es auch mit dem Ausmisten. Wenn Sie es jeden Tag ein wenig tun, dann wird es zu einem ganz normalen Teil Ihres Alltags. Und Ihr Schweinehund gewöhnt sich so sehr daran, dass er seine Sabotageakte schließlich sogar vergisst.

UMZUG IM KOPF

Übung

Nehmen Sie sich ein Blatt Papier und einen Stift. Setzen Sie sich gemütlich hin. Jetzt gehen Sie gedanklich Ihre gesamte Wohnung/Ihr ganzes Haus durch.

Fangen Sie mit den Möbeln an: Welche würden Sie mitnehmen? Welche nicht? Notieren Sie alle Möbelstücke, die Sie aussortieren möchten.

Denken Sie dann an Boden und Wände: Welche Teppiche kommen mit? Welche Bilder? Was kann weg? Schreiben Sie auch diese Gegenstände auf.

Stellen Sie sich Ihre Hobbys vor: Welche Sportgeräte ziehen mit um? Welche Instrumente? Machen Sie sich eine Notiz.

Besprechen Sie Ihre Liste mit allen, die mit Ihnen zusammenwohnen. Beschließen Sie gemeinsam, was abgeschafft werden kann. Dann verteilen Sie die Aufgaben. Und legen Sie Termine fest: Bis wann soll was entsorgt sein? Achten Sie darauf, dass Ihr Plan realistisch ist.

Schubladen oder Regalfächer können Sie mit der Umzugs-Fantasie im Hinterkopf gleich komplett ausmisten. Das Aufschreiben würde viel zu lange dauern.

Jeden Tag eine Viertelstunde

Verankern Sie ein tägliches Entrümpelungs-ritual in Ihrem Alltag. Es braucht nicht länger als eine Viertelstunde zu dauern und kann trotzdem sehr effektiv sein. Gut eignet sich die Phase, bevor Sie zu Bett gehen: Räumen Sie Ihre Küche auf, stellen Sie das Geschirr in die Spülmaschine oder waschen Sie es ab. Leeren Sie den Mülleimer aus und bringen Sie, wenn Sie schon dabei sind, das Altpapier in die entsprechende Tonne. Alle Gegenstän-de, die im Laufe des Tages in der Küche »ver-gessen« wurden, kommen zurück an ihren Platz. Wenn Sie eine sehr große Wohnung haben oder mit vielen Personen zusammen-wohnen, können Sie auch einen »Ausgangs-korb« einrichten – ähnlich wie eine Postaus-gangs-Ablage im Büro. Hier kommen alle Gegenstände hinein, die aus der Küche her-ausgebracht werden müssen. Aber Achtung, dieser Korb soll keine neue Kruschtelecke werden: Bitten Sie alle Mitbewohner darum, jedes Mal beim Verlassen der Küche etwas davon mitzunehmen.

Für Ihr Büro oder Ihr Arbeitszimmer gilt das gleiche Prinzip: Bevor Sie Feierabend machen, räumen Sie die gesamte Arbeitsplat-te leer. Alles kommt an seinen Platz zurück. Papiere werden sortiert (wie das geht, lesen Sie ab Seite 109), Altpapier kommt gleich in die Tonne. Die komplette Aktion dauert nicht lange und garantiert Ihnen einen schö-nen Start in den nächsten Arbeitstag.

Jede Woche zwei Stunden

Haben Sie großen Entrümpelungsbedarf, empfiehlt sich ein fester wöchentlicher Ter-min. Tragen Sie ihn in Ihren Kalender ein, zum Beispiel: Samstags, 14 bis 16 Uhr. Schreiben Sie sich zusätzlich in den Kalender, was genau Sie dann ausmisten wollen. Beim Festlegen der einzelnen Aktionen hilft Ihnen eine Liste (siehe Seite 151 f.).

Wenn Sie bereits in einer weitgehend ent-rümpelten Wohnung leben, können Sie Ihren wöchentlichen Zwei-Stunden-Termin zum Putzen reservieren. Das ist wirklich sinnvoll, weil Sie sonst die ganze Zeit mit einem Eigentlich-müsste-ich-mal-putzen-Gefühl herumlaufen. Mit einem festen Termin brau-chen Sie sich die ganze Woche lang über-haupt keine Gedanken zu machen und auch nicht zu putzen. Wenn Sie nicht alleine wohnen, beziehen Sie die ganze Familie oder Wohngemeinschaft mit ein. Es ist nicht einzusehen, dass Sie die ganze Arbeit allein machen müssen. Wenn Sie das nicht durch-setzen können, engagieren Sie – wenn mög-lich – eine professionelle Reinigungskraft, und legen Sie im Fall der Wohngemeinschaft die Kosten dafür auf alle Mitbewohner um. Viele möchten keine »Putzfrau«, weil sie meinen, sie nutzten jemanden aus. Bei einer fairen Bezahlung sind Bedenken unange-bracht. Es handelt sich um eine ganz normale Dienstleistung. Sie schaffen sogar einen Arbeitsplatz.

Jeden Monat ein halber Tag

In vier Stunden können Sie eine Menge schaffen: Je nach Gerümpelstand einen kompletten Kellerraum – oder einen ganzen Schrank. Reservieren Sie jeden Monat einen halben Tag zum Entrümpeln. Sie werden Ihre helle Freude daran haben, denn nach und nach wird Ihre Wohnung (und sogar Ihr Keller) immer lichter und Sie fühlen sich immer freier. Sind erst die größten Brocken geschafft, fällt das Ausmisten auch viel leichter. Dann müssen Sie nur noch das herausschaffen, was sich jeweils in vier Wochen angesammelt hat.

Jedes Jahr eine Großaktion

Dafür eignet sich die Zeit »zwischen den Jahren«, also zwischen Weihnachten und Sylvester. Oft ist dann ohnehin nicht viel anderes los, draußen ist es kalt und dunkel, und der bevorstehende Start ins neue Jahr verbreitet Aufbruchstimmung. Ebenfalls ein passender Termin dafür ist der Frühlingsanfang. Zu dieser Jahreszeit blüht alles auf, es wird warm und hell. Und überall sieht man Menschen, die ihren Garten auf Vordermann bringen, sich motiviert an den Frühjahrsputz machen, aufräumen und den lange angesammelten Sperrmüll wegbringen. Reservieren Sie zwei ganze Tage für Ihre Großaktion. Überlegen Sie sich vorher, was genau Sie sich in Ihrem Haus oder in der Wohnung vornehmen wollen. Vielleicht möchten Sie sich an ein ganzes Zimmer wagen? Es ganz ausräumen, dann neu streichen oder tapezieren, wieder einräumen und das endlich aussortierte Gerümpel entsorgen? Oder Sie räumen die komplette Küche aus – mit allen Fächern und Schubladen – und putzen alle Schränke von innen und außen, reinigen den Herd und den Kühlschrank, werfen allen Sonderangebots-Schnickschnack weg und sortieren alles wieder ein. Aber vergessen Sie nicht, danach zur Belohnung ordentlich zu feiern: je nach Geschmack zu Hause, in der Pizzeria oder mit einem Saunabesuch. Oder feiern Sie zum Abschluss Ihrer Großaktion mit allen Helfern eine große Party.

Jedes Jahr
Großaktion
z. B. Keller oder malen

Jeden Monat
Ein halber Tag – z. B. ein Schrank

Jede Woche
Zwei Stunden – evtl. mit Putzen verbinden

Jeden Tag
Eine Viertelstunde – z. B. als Tagesabschluss-Ritual

»EINE FRAU RÄUMT AUF«

Edith Stork ist Gründerin der A-P-DOK® Beratung für Büro-Organisation in Oberursel bei Frankfurt am Main.

Wie bringen Sie Ordnung ins Büro?

Bei den meisten Firmen bin ich ein bis drei Tage im Haus. Am ersten Tag erkläre ich das System und hole mir die Mitarbeiter ins Boot. Alle müssen an einem Strang ziehen. Am zweiten Tag arbeiten wir an der Verschlagwortung, der Festlegung von einheitlichen Begriffen für alle Vorgänge. Und am dritten Tag wird aufgeräumt und ausgemistet. Ein durchschnittliches Büro verwandelt sich nach drei Tagen in einen Musterarbeitsplatz nach A-P-DOK®.

Was bedeutet A-P-DOK®?

Meine Methode steht für die drei Ordner-Kategorien: »A« wie »Administration«, »P« wie Projekt und »DOK« wie Dokumentation. »Administration« hält den Laden am Laufen: Strom, Gas, Personal, Finanzen, einfach die gesamte Infrastruktur Ihrer Firma. Hier steht auch alles, was zur Akquisition gehört. Unter »Projekt« wird alles eingeordnet, womit das Unternehmen Geld verdient: Produkte, Kunden, die interne Abwicklung von Kundenaufträgen, Konzepte und Verhandlungen. Die »Dokumentation« versammelt Wissen und macht es wieder auffindbar: ein System für Bücher, Zeitschriften, Loseblattsammlungen, Videos und »graue Literatur« (so genannte Clippings) wie Kopien und Zeitungsausschnitte.

Was ist das Besondere daran?

Zunächst einmal: Es ist wirklich einfach! Jedes Papier passt in eine der drei Kategorien. Eingangspost wird nur einmal am Tag bearbeitet. Ordner für »Diverses«, »Allgemeines« oder »Sonstiges« sind verboten – da findet sich ja schon bald niemand mehr zurecht. Post-its am Computer dulde ich auch nicht: Nach fünf Tagen wissen Sie sowieso nicht mehr, welche Telefonnummer wo klebt. Flattert ein Post-it zu Boden, ist auch das To-do aus Ihrem Blickfeld verschwunden. Ganz wichtig: Ich stelle ein für alle Mal ab, dass in einer Firma jeder ein eigenes Ablagesystem verwendet – und dann letztlich niemand das Gesuchte findet.

Wie bringen Sie Mitarbeiter dazu, Ihr System umzusetzen?

Ich arbeite viel mit Humor. Aber ich muss auch streng sein: Ein bisschen A-P-DOK® gibt es nicht. Die Maßnahme ist eine unternehmerische Entscheidung mit dem Ziel, geldwerte Effizienz und eine neue Struktur auf Dauer zu erwirtschaften. Dazu gehört natürlich Disziplin. Ich komme ein halbes Jahr später zur vereinbarten Abnahme und prüfe, ob die »Hausaufgaben« gemacht worden sind. Und siehe da: Meine Kunden werden nicht rückfällig.

Wie sich Edith Stork die Abläufe im idealen Büro genau vorstellt, können Sie in ihrem Buch *Logistik im Büro* (Beltz Verlag, Weinheim) nachlesen, oder Sie besuchen ein Seminar bei ihr. Informationen finden Sie unter www.a-p-dok.com.

Ran an das Gerümpel

Jetzt rücken Sie Ihrem Kram Raum für Raum zu Leibe. Was hat darin nichts zu suchen? Wie bringen Sie die Sachen unter, die Sie behalten? Und wie bleiben Sie danach gerümpelfrei? Hier erfahren Sie, welche Eigenheiten Ihre einzelnen Räume haben und wie sich diese jeweils auf das Ausmisten auswirken. Sie finden eine Menge Tipps zum Verschönern von Küche, Keller und Co. Und natürlich zum Umgang mit Ihrem Schweinehund.

Ihre Wohnräume

Haben Sie Ihre Entrümpelungsfahrpläne (siehe ab Seite 150) bereits sorgfältig ausgefüllt? Wenn nicht, tragen Sie jetzt dort ein, was Sie wann entrümpeln wollen. Sie sollten sich jedoch zuvor überlegen, ob vor Ihrer Aktion noch etwas zu organisieren ist. Vielleicht vereinbaren Sie einen Sperrmülltermin mit Ihrem örtlichen Entsorgungsbetrieb? Oder Sie bitten Ihre Familienmitglieder, ihre persönlichen Dinge vor dem Entrümpelungstermin abzuholen, um sie »in Sicherheit« zu bringen? Oder Sie mieten einen Transporter, um größere Gerümpel-Stücke selbst zur Müllkippe oder zum Wertstoffhof zu fahren?

Der Eingangsbereich

Der Eingangsbereich ist das Aushängeschild Ihrer Wohnung oder Ihres Hauses. Achten Sie mal darauf, wie unterschiedlich so etwas

aussehen kann: Die einen empfangen Sie mit einer freundlichen Haustür, einem picobello polierten Namensschild und einer farbenfrohen Fußmatte. Innen ist es hell und aufgeräumt. Für Ihre Jacke finden Sie sofort einen Platz an der Garderobe.

Oder: Vor der Wohnungstür stehen fünf Paar Schuhe, der Name neben der Klingel ist kaum zu lesen. Die Tür lässt sich nicht ganz öffnen, weil dahinter Altpapier lagert. Im Wohnungsflur stolpern Sie über Mineralwasserkästen und Putzeimer. Die Garderobe ist so voll, dass Sie Ihre Jacke lieber anbehalten. Wo fühlen Sie sich willkommen?

Um herauszufinden, wie freundlich Ihr Eingangsbereich wirkt, machen Sie doch jetzt mal die Probe aufs Exempel. Nein, schnell noch etwas zurechtrücken gilt nicht. Ziehen Sie Jacke und Schuhe an. Gehen Sie raus, und dann kommen Sie mit den Augen eines Besuchers zurück. Wie wirkt Ihr Eingang? Klingeln Sie doch einfach mal. Lässt sich der Knopf leicht betätigen? Kann man Ihren Namen gut lesen? Betreten Sie Ihre Wohnung so, als sähen Sie sie zum ersten Mal. Nehmen Sie die Atmosphäre mit allen Sinnen auf: Wie ist Ihr Flur beleuchtet? Wie warm ist es? Wie fühlt sich der Bodenbelag unter Ihren Füßen an? Duftet es gut? Je angenehmer Sie Ihren Eingangsbereich gestalten, desto lieber werden Sie nach Hause kommen. Und desto häufiger kommen nette Gäste zu Ihnen.

Aufräumen – ich?!

Ich bin ja eigentlich überzeugter Anhänger der Chaostheorie: Leben macht einfach Unordnung. Und da man einer Wohnung ansehen muss, dass darin gelebt wird, kann es ruhig auch unordentlich sein. Das ist ganz normal.

Sie kommen mit staubigen Schuhen in Ihre Wohnung, legen Post und Reklame ab. Sie werfen Schlüssel und Mobiltelefon irgendwo hin. Sie stellen Ihre Einkäufe in die Küche – und schon haben Sie wieder Gerümpel im Haus: Altpapier, Verpackungen, Tüten. Dann kommen Ihre Kinder nach Hause, pfeffern Schulranzen und Rucksäcke in die Ecke und präsentieren stolz, was sie in der Schule gebastelt haben. Und später bringt Ihr Partner noch einen Stapel Fachzeitschriften mit, die auch erst mal im Flur liegen bleiben.

Ich fühlte mich dann immer total wohl. Inzwischen weiß ich aber, dass Ordnung schaffen und halten gar nicht so anstrengend ist – auf Dauer kostet es sogar weniger Energie als die nervende dauernde Unordnung. Mit den richtigen Aufräumtipps hat mein Mensch mich rumgekriegt. Da ist sicher auch was für Ihren Schweinehund dabei.

So bleiben Sie gerümpelfrei:

Garderobe: An der Garderobe bekommt jeder eigene Haken. Für Besucher sind weitere reserviert. Im Sommer werden Winterjacken ausgelagert und umgekehrt.

Schuhe: Bauen Sie einen Schuhschrank auf, in dessen Schublade auch das Schuhputzzeug passt, und halten Sie für nasse Schuhe eine Unterlage bereit. Offene Schuhregale sehen meist unordentlich aus.

Mützen, Schals, Schirme: Bestimmen Sie einen festen Platz. Das kann auch ein Fach in Ihrem Schuhschrank sein.

Schlüssel und Co.: Wem ein Schlüsselbrett zu umständlich ist, der kann eine Magnetleiste an der Wand befestigen. Schlüssel »drankleben«, fertig. Praktisch: Für jeden einen kleinen Korb bereitstellen oder ein Fach. Hier können Terminkalender und Mobiltelefone abgelegt werden. Post und Notizen warten hier auf ihren Empfänger. Aber Vorsicht, damit daraus keine neue Gerümpelecke wird!

Taschen: Richten Sie extra Haken für Taschen und Rucksäcke ein. Sorgen Sie dafür, dass nichts auf dem Boden herumsteht.

Die Küche

Ist in Ihrer Küche Platz für Tisch und Stühle? Dann ist die Küche ein ganz wichtiger Ort in Ihrem Zuhause: Hier spricht man miteinander, startet gemeinsam in den Tag, entspannt am Abend. Für alle Küchen, ob groß oder

---

EINGANGSBEREICH

Raus damit:
- Getränkekästen
- Altpapier, Altglas
- Putzzeug
- nicht gebrauchte Jacken und Mäntel
- defekte Schirme
- herumliegende Schuhe
- Post
- verstaubte Textil- oder Trockenblumen
- Spielzeug

Aktion

---

klein, mit oder ohne Sitzecke, gilt: Dies ist der »Bauch« der Wohnung. Von hier aus verbreitet sich leckerer Duft nach Kuchen oder Braten. Es entstehen aber auch jede Menge Abfälle und Berge von schmutzigem Geschirr. Bei Ihrer Entrümpelungsaktion nimmt die Küche eine besondere Rolle ein: Hier können Sie schnelle Erfolge erzielen! Wie viele Personen leben in Ihrer Wohnung? Wie viele Teller, Tassen und Gläser verbraucht jeder zwischen zwei Spülgängen? Sie werden erstaunt sein, wie viel Geschirr Sie entsorgen können. In jeder Küche sammeln sich auch allerlei Gerätschaften, die beim Kochen helfen sollen. Was brauchen Sie davon tatsächlich und regelmäßig? Wenn Sie Ihre Schränke und Schubladen ausmisten, werfen Sie so viel wie möglich weg oder lagern Sie es aus.

Viel Entrümpel-Spaß werden Ihnen Ihre Vorräte bereiten: Backpulver von 1998? Das ist keine Seltenheit. Werfen Sie alles raus, was abgelaufen ist. Verabschieden Sie sich auch von Sachen, die zwar noch gut sind, Ihnen aber einfach nicht schmecken. Übrigens: Wenn Sie nicht sicher sind, ob ein Lebensmittel noch gut ist, dann ist es schlecht. Weg damit!

Nach Ihrer Entrümpelungsaktion sind wahrscheinlich alle glücklicher: Gemeinsam in einer aufgeräumten Küche kochen und essen macht einfach Spaß.

So bleiben Sie gerümpelfrei:

»Arbeitsdreieck«: Der Weg zwischen Spüle, Kühlschrank und Herd ist Ihr Hauptaktionsfeld. Halten Sie es frei.

Schränke: Stellen Sie aus Sicherheitsgründen schwere Gegenstände nach unten (Töpfe) und leichte Sachen nach oben. Vermeiden Sie es, sehr selten oder nicht benutzte Dinge in die hinteren Bereiche Ihrer Schränke zu quetschen. So geraten sie in Vergessenheit und schlagen Wurzeln. Lagern Sie Waffeleisen, Fritteuse, Wok oder Raclette-Grill nach Möglichkeit aus: Ab damit in den Keller oder in die Abstellkammer. Wenn Sie diese Dinge zwei Jahre lang nicht benutzen, können Sie sie auch abschaffen. Fassen Sie kleine Einzelteile in Körben oder Regalfächern nach Themen zusammen: Gewürze, Tees, Körner, Frühstück, Putzmittel. Achtung, Gerümpel-Gefahr: Werfen Sie bei jedem (!) Gebrauch einen kritischen Blick auf die Dinge und sortieren Sie rigoros aus.

KÜCHE

Raus damit:
- Küchengeräte, die Sie nie benutzen oder die defekt sind
- überzähliges Geschirr
- angeschlagene/s Geschirr/Gläser
- überflüssiger Technik-Schnickschnack
- alles Unvollständige (Deckel ohne Dosen, Kannen ohne Deckel etc.)
- Lebensmittel mit abgelaufenem Haltbarkeitsdatum

Messer: Praktisch ist eine Magnetleiste. Hier dürfen jedoch nur scharfe Messer hängen, die Sie wirklich benutzen. Alle kaputten, stumpfen und unpraktischen Messer entsorgen Sie.

Kühl- und Gefrierschrank: Jedes Mal, wenn Sie etwas herausnehmen, werfen Sie einen prüfenden Blick in die Fächer. Alles, was nicht mehr gut aussieht, werfen Sie sofort weg.

Das Wohnzimmer

Dies ist ein zentraler Ort der Begegnung und der Erholung. Hier sitzen Sie am Abend zusammen und empfangen Besuch. Sie schauen zusammen Filme oder TV-Sendungen, spielen oder hören Musik. Hier lesen Sie Zeitungen, Zeitschriften und Bücher. Vielleicht haben Sie sogar einen Holzofen oder einen Kamin? Dann ist Ihr Wohnzimmer ein behaglicher Ort der Begegnung. Wenn Sie Ihr Wohnzimmer entrümpeln, machen Sie es attraktiver. Sie erholen sich besser und haben mehr Spaß dabei, sich darin aufzuhalten. Aber diese »Gemütlichkeit« ist zugleich auch eine Gerümpel-Falle: Schnell türmen sich Bücher und Zeitschriften zu Altpapier-Stapeln. Wenn Sie Kinder haben, liegt tendenziell auch Spielzeug hier herum. Gebrauchte Teller, Gläser und leere Getränkeflaschen warten auf ihren Rücktransport in die Küche. Und durch seine Liebe für alles Anheimelnde hat Sie der Schweinehund vielleicht zu einem Übermaß an Kleinmöbeln verführt, die Gerümpel magisch anziehen: »Beistelltische« zum Beispiel oder kleine Schubladenschränke und Vitrinen. Vielleicht liebt er auch eine Fülle an staubanfälliger Dekoration.

Viele Wohnzimmer haben sich in ein Heimkino verwandelt. Alle Sitzgelegenheiten sind auf das Fernsehgerät ausgerichtet. Der Sofatisch dient als Ablage für Popcorn, Chips und natürlich die Fernbedienungen. Wenn Sie sich in Ihrem Heimkino gut entspannen können – prima! Das ist genau nach dem Geschmack Ihres inneren Schweinehunds. Aber nehmen Sie sich nicht die Möglichkeit, sich mit Ihren Mitmenschen auszutauschen. Ihrem Schweinehund tut es gut, wenn er mit anderen Meinungen konfrontiert wird. Oder wenn er beim gemeinsamen Spielen mal so richtig mit den widerborstigen Begleitern Ihrer Mitbewohner herumtollen kann.

So bleiben Sie gerümpelfrei:

Dekoration: Präsentieren Sie nicht unbedingt alles, was Sie haben. Sie können Ausstellungsflächen für wechselnde Exponate schaffen und Ihre übrigen Deko-Stücke in den Keller bringen.

Altpapier: Stellen Sie einen Papierkorb für ausgelesene Zeitungen, Zeitschriften und Bücher auf. (Ja, auch Bücher! Sie müssen nicht jedes jemals gelesene Buch aufbewahren.)

Spielzeug: Halten Sie einen Korb oder eine verschließbare Kiste für Spielzeug bereit. Dort kann die bunte Vielfalt am Abend verstaut werden.

Pflanzen: Sie haben keinen grünen Daumen? Kein Problem: Ein Wohnzimmer ganz ohne Pflanzen sieht einladender aus als eins mit vertrockneten Trauerexemplaren oder verstaubten Trockensträußen.

WOHNZIMMER

Raus damit:
- Altpapier
- gebrauchtes Geschirr
- ein Übermaß an Dekoration
- Möbel, die Sie nicht wirklich nutzen
- CDs/DVDs, die Sie nicht mehr nutzen
- Bücher, die Ihnen nichts bedeuten
- Post und Werbesendungen
- der Kram in Ihrem Ablagefach
- vertrocknete Zimmerpflanzen

Aktion

Medien: Seit man riesige Musikmengen auf kleine Speichermedien laden kann, sind für abwechslungsreichen Musikgenuss weder große CD-Sammlungen noch riesige HiFi-Anlagen wirklich notwendig. Wenn Sie gerne Filme schauen, brauchen Sie auch nicht mehr unbedingt ein großes Videoarchiv. DVDs nehmen weniger Platz weg. Wenn Sie die Filme leihen, brauchen Sie gar keinen Stauraum.

Das Kinderzimmer

Kinderzimmer sind Multifunktions-Räume: Hier schlafen Ihre Kinder, sie arbeiten, spielen, basteln und manchmal essen sie auch hier. Deshalb ist es so schwierig, Kinderzimmer in Ordnung zu halten. Außerdem ist der Schweinehund Ihrer Sprösslinge im Spiel. Die Kinder mögen zwar noch klein sein, ihr Schweinehund verfügt aber trotzdem über die gleichen Tricks wie ein ausgewachsenes Exemplar! Je mehr Druck Sie Ihren Stammhaltern machen, doch endlich ihre Zimmer aufzuräumen, desto mehr Chaos werden sie veranstalten. Für den Umgang mit dem Kinder-Schweinehund gilt das Gleiche wie für den Umgang mit Ihrem eigenen: Kämpfen Sie nicht gegen ihn, sondern versuchen Sie zu kooperieren. Wenn Sie keinen Druck aus-

üben, ist auch kein Widerstand nötig. Richten Sie die Zimmer so ein, dass alle Sachen einen logischen Platz haben und Aufräumen ganz einfach wird.

Üben Sie mit Ihrem Nachwuchs Aufräumen. Vereinbaren Sie gegebenenfalls, dass für jedes neue Spielzeug ein altes weichen muss. Nach der Entrümpelungsaktion werden die Kinder mehr Spaß in ihren eigenen Räumen haben.

Aktion

KINDERZIMMER

Raus damit:

Spielzeug
- das defekt ist
- das die Kinder nicht mögen
- das nicht altersgerecht ist
- das nicht der Jahreszeit entspricht

Kleidung
- die in die Wäsche gehört
- die repariert werden muss
- die nicht mehr oder noch nicht passt
- die nicht der Jahreszeit entspricht
- die Ihre Kinder nicht mögen

Bücher
- die die Kinder nicht mögen
- die nicht ihrem Alter entsprechen

Möbel
- die defekt sind/nicht genutzt werden
- die für Kinder nicht geeignet sind

Und nicht zu vergessen: Ihre Sachen
- die Sie bei den Kindern geparkt
- oder liegen gelassen haben

Übrigens: Wenn von »Kinderzimmer« die Rede ist, sind Kinder im vorpubertären Alter gemeint. Mit den Zimmern von Jugendlichen kommen Sie am besten zurecht, wenn Sie das Gerümpel darin einfach ignorieren. Sagen Sie ruhig, dass das Chaos nicht Ihren Vorstellungen entspricht. Aber tun Sie nichts. Es ist nicht Ihr Zimmer. Wenn Sie den Anblick nicht ertragen können: Tür zu!

Geben Sie Ihren Kindern Orientierung, indem Sie ihr Zimmer in Funktionsbereiche aufteilen:

Schlafen: Das Bett ist zum Schlafen da. Füllen Sie es nicht mit Kuscheltieren. Gerümpel stört ihren Schlaf. Richten Sie für Kuscheln, Lesen, Musik und Hörspiele hören nach Möglichkeit eine extra Ecke ein, mit Matratze und/oder Sitzsack. Hier sind ausgewählte Stofftiere, Bücher, CDs und CD-Spieler untergebracht.

Spielen und Bauen: Mit Bauklötzen und Spielfiguren können Ihre Kinder am besten auf einer glatten, stabilen Unterlage spielen. Teppich ist zu weich. Richten Sie möglichst eine Ecke mit geeigneter Unterlage ein. »Baumaterial« und Figuren bringen Sie hier in Kästen oder Schubladen unter. Sortieren Sie regelmäßig alles Spielzeug aus, das nicht in diese Ecke gehört.

Malen: Dazu brauchen die Kinder einen Tisch in der geeigneten Größe. Es bietet sich an, altersgerechte Stifte, Klebstoff und Schere in einer Box zu sammeln. Diese wird in Reichweite des Tisches untergebracht. Nach Gebrauch gehören die Sachen dorthin zurück. Verbrauchte Filzstifte und Stummel werden regelmäßig aussortiert.

Kleinteile: Räumen Sie kleine Spielzeugautos, Bausteine, Plastikspielzeug und Puppen samt Ausrüstung jeweils in Kästen oder Schubladen – und zwar in einem großen Stofftuch, das man leicht zu einem Bündel verknoten kann. Die Kinder nehmen das ganze Bündel heraus, breiten es aus und haben ihr Spielzeug vor sich. Später wird das Tuch einfach wieder zusammengebunden und wandert zurück an seinen Platz.

Bastelarbeiten: Reservieren Sie eine Ausstellungsfläche für die Werke der Sprösslinge. Vielleicht richten Sie sogar einen extra Spot darauf? Wenn der Klorollen-Roboter sich eine Weile in bestem Licht zeigen und bewundert werden durfte, können sich die Kinder leichter davon trennen. Dann wird etwas Neues präsentiert.

So bleiben Sie gerümpelfrei:

Defekte Gegenstände: sofort aussortieren, reparieren oder entsorgen.

Nicht altersgemäße Sachen: auslagern oder verschenken.

Saisonabhängige Dinge: Im Winter haben Sandspielzeug und Wasserfahrzeuge nichts im Kinderzimmer verloren, im Sommer braucht hier keine Modelleisenbahn und auch kein Puppenhaus zu stehen. Lagern Sie so viel wie möglich aus.

Wenn Sie Spielzeug »verschwinden« lassen und es zu Weihnachten oder zum Beginn der Sommerferien wieder hervorzaubern, wird es attraktiver.

Stauraum: Sorgen Sie für ein paar Regalfächer mit Türen und Kästen mit Deckeln. Das sieht ordentlicher aus als überall offene Regale. Grundsätzlich: Je mehr Stauraum Ihr Kind hat, desto mehr Gerümpel sammelt sich tendenziell darin. Halten Sie deshalb nur so viel Stauraum bereit, wie wirklich gebraucht wird.

WG-Zimmer

Die Zimmer in einer Wohngemeinschaft sind ebenfalls multifunktional: schlafen, arbeiten, entspannen, essen, feiern – alles findet auf engstem Raum statt. Wer als Student für Prüfungen lernen oder eine Arbeit schreiben muss, verbringt manchmal Tag und Nacht in diesem einen Zimmer. Eine Entrümpelungsaktion zahlt sich gleich mehrfach aus. Danach geht alles leichter: Sie schlafen tiefer, arbeiten effektiver und können sich besser entspannen. Und vielleicht haben Sie auch mehr Spaß daran, Besuch zu empfangen. Übrigens: Ein dauerhaft gerümpelfreies WG-Zimmer ist eine Meisterleistung!

So bleiben Sie gerümpelfrei:

Möbel: Versuchen Sie, mit möglichst wenig Möbeln auszukommen. Jedes zusätzliche Regalbrett, das Sie an die Wand schrauben, füllt sich tendenziell mit Gerümpel.

Aktion

WG-ZIMMER

Raus damit:

Möbel
- die nicht genutzt werden (auch kleine)
- die viel Platz wegnehmen
- die den Raum klein wirken lassen

Bücher
- die nicht genutzt werden
- die anderen gehören
- Nachschlagewerke, die stattdessen als CD angeschafft werden können

Kleidung
- die nicht genutzt wird
- die alt und schäbig ist
- die nicht zur Saison passt

Pflanzen
- die sehr groß sind
- die nicht mehr gut aussehen

Medien
- veraltete Geräte und Datenträger
- samt Zubehör (Kabel etc.)

Vielleicht haben Sie die Möglichkeit, Ihre Regale mit Türen zu verschließen. Dann sieht es gleich ordentlicher aus.

Kleinteile: Lagern Sie Kleinteile wie Büromaterial, Kosmetikartikel, Fotos und Computerzubehör in Kästen. Sortieren Sie regelmäßig aus. Hier gilt: Billige Pappkisten ziehen billiges Gerümpel an. Gönnen Sie sich stabile und schöne Kästen für die Dinge, die Ihnen wirklich wichtig sind.

Arbeitsplatz: Vielleicht können Sie eine Arbeitsplatte an ein Regal montieren. Oder Sie installieren einen Ausziehtisch in Ihren Kleiderschrank, den Sie bei Nichtgebrauch zusammenklappen können. Entsorgen Sie so viel Papier wie möglich. Leisten Sie sich nach Möglichkeit Ordner von guter Qualität für das, was Sie unbedingt archivieren müssen. Auch hier gilt: Billiges zieht Krempel an.

Bücher: Lagern Sie alles aus, was Sie nicht unbedingt für Ihre Arbeit oder Ihr Wohlbefinden brauchen. Fast alle Nachschlagewerke gibt es heute auf CD; es ist also nicht mehr unbedingt notwendig, Regalmeter damit zu blockieren.

Medien: Leisten Sie sich nach Möglichkeit ein Notebook. Damit haben Sie riesige Computer-Tower und Bildschirme gespart. Wenn Sie nicht am PC arbeiten müssen, können Sie das Teil schnell verschwinden lassen. Achtung: Auch wenn Ihr alter Computer teuer war – entsorgen Sie ihn nach Gebrauch. Alle nicht mehr genutzten Computerteile in Ihrem Zimmer sind zweifelsfrei Gerümpel.

Kleidung: Lagern Sie möglichst viel aus. Nur Leistungssportler oder Profi-Tänzer brauchen ihren Dress oder ihr Ballkleid ständig griffbereit. Ist ein Wäscheständer Dauergast im Zimmer? Vielleicht können Sie einen Wäschetrockner kaufen, oder Sie nutzen den Trockner in einem Waschsalon.

Pflanzen: Palmen sind zwar sehr dekorativ, nehmen mit ihren großen Wedeln aber viele Kubikmeter Raum in Anspruch. Schaffen Sie zu große Pflanzen ab. Vertrocknete Pflanzen gehören in den Kompost, von Schädlingen befallene Pflanzen wandern in den Abfall.

Schlafzimmer und Kleiderschrank

Wenn Sie über eine Wohnung mit separatem Schlafzimmer verfügen, ist dies Ihr Raum der Ruhe, der Intimität und des täglichen Anziehrituals – denn wahrscheinlich steht hier nicht nur Ihr Bett, sondern auch Ihr Kleiderschrank (vielleicht mit Spiegel?). Hier sind Sie wirklich nur für sich.

Weil Sie in diesen Raum niemandem Einblick gewähren, sammelt sich hier aber auch tendenziell alles, was Besucher nicht sehen sollen: Wäscheständer, Staubsauger, Leiter, Koffer und Co. Es ist eine naheliegende Idee, diese Dinge im Schlafzimmer unterzubringen. Aber sie nimmt Ihnen auch den Raum, einfach mal abzuschalten und nur an sich selbst zu denken. Ganz abgesehen davon, dass der Platz zwischen Wäscheständer und Leiter nicht so optimal für romantische Stunden geeignet ist. Im Schlafzimmer befinden sich einige besonders krempelgefährdete Zonen: unter Ihrem Bett, hinter der Tür, auf und neben Ihrem Kleiderschrank. Wenn Sie die Möglichkeit haben, diese Zonen komplett freizuhalten – wunderbar! Das schafft eine groß-zügige und ruhige Atmosphäre, die Ihnen gut tun wird. Wenn nicht, gönnen Sie Ihren Sachen eine qualitativ hochwertige und gut durchdachte Aufbewahrung.

Ihr Kleiderschrank beinhaltet im Idealfall eine Vielzahl von Kleidungsstücken, die Ihnen gut gefallen und gut stehen: Ihre persönliche Bou-tique, aus der Sie jeden Tag auswählen, wie Sie aussehen möchten. Wie gesagt, das ist der Idealfall. Normalerweise sind Kleiderschränke zu drei Vierteln mit Kleidungsstücken voll gestopft, die niemals oder nur ganz selten ge-nutzt werden. Dazwischen stecken vielleicht noch Skischuhe, Kontoauszüge, das Silber-besteck und die Fotoausrüstung. Schaffen Sie Überblick in Ihrem Schrank, indem Sie Ihre Kleiderbügel farbig markieren oder verschie-denfarbige Kleiderbügel anschaffen. Bestim-men Sie je eine Farbe für Büro, Freizeit und Ausgehen. So erkennen Sie ein eventuelles Ungleichgewicht auf einen Blick. Wenn Sie zum Beispiel sehr viel Ausgeh-Kleidungsstü-cke haben, aber gar nicht oft weggehen, dann schaffen Sie vielleicht ein paar davon ab und gönnen sich stattdessen ein paar neue Lieb-lingsstücke für jeden Tag. In Zukunft wird es Ihnen leichter fallen, die Kleidung zu kaufen, die Sie wirklich brauchen.

Das Entrümpeln Ihres Schlafzimmers wer-den Sie als besonders befreiend erleben: Anschließend schlafen Sie besser und Sie verbringen schönere Stunden zu zweit. Wenn

SCHLAFZIMMER

Aktion

Raus damit:

Rund um Ihre Kleidung
- Wäscheständer
- Bügelbrett und Bügeleisen
- schmutzige Wäsche
- defekte Kleidung

Sport und Reisen
- Sportgeräte
- Sporttaschen
- Koffer

Sonstiges
- Zeug unter dem Bett
- Dinge auf dem Schrank
- Bücher auf dem Nachttisch, die Sie doch nicht lesen

Kleiderschrank, alle Kleidungsstücke
- die Sie nicht mögen
- die Ihnen nicht stehen
- die Ihnen nicht passen

Sie den Inhalt Ihres Kleiderschranks in den Griff bekommen haben, fühlen Sie sich mehr im Einklang mit sich selbst. Und Sie finden unter den Kleidungsstücken, die Sie behalten haben, endlich etwas zum Anziehen.

So bleiben Sie gerümpelfrei:

Haushaltsgeräte: Verstauen Sie Bügel-brett, Bügeleisen und Wäscheständer nach Möglichkeit außer Sichtweite. Diese Gerä-te erinnern Sie an Hausarbeit – und das muss wirklich nicht sein, wenn Sie sich entspannen wollen.

Defekte Kleidungsstücke: Liegen diese bei Ihnen wochenlang herum? Erkundigen Sie sich doch bei einer Änderungsschneiderei nach den Preisen für kleinere Reparaturen. Vielleicht können Sie diese lästigen Aufgaben ja auslagern.

Schmutzige Wäsche: Richten Sie Ihren Sammelort für schmutzige Wäsche möglichst so ein, dass Sie einen kurzen Weg dorthin haben. Gönnen Sie sich ausreichend große Körbe oder Tonnen, so dass nichts daneben oder darauf liegen muss.

Getragene Kleidung: Schaffen Sie einen Ort für die Kleidung, die Sie aktuell benutzen. Es eignen sich ein »stummer Diener« oder ein Stuhl; wenn Sie viel Platz im Kleiderschrank haben, können Sie ein Fach dafür reservieren.

Ihr Partner: Ist Ihr Partner oder Ihre Partnerin sehr unordentlich mit der Kleidung, und können Sie den Anblick der herumliegenden Wäsche nicht ertragen? Dann treffen Sie eine Vereinbarung: Alles, was herumliegt, werfen Sie in einen bestimmten Korb oder eine Schublade.

Der Schlüssel zu Ihren Lieblingsklamotten: Nehmen Sie Ihre absoluten Lieblingsstücke aus dem Schrank. Breiten Sie sie auf Ihrem Bett aus und unterziehen Sie sie einer Prüfung. Warum mögen Sie diese Sachen so gern? Ist es der Schnitt? Die Farbe? Das Design? Bestimmte Details? Holen Sie sich einen Block und einen Stift. Ziehen Sie zwei Linien von oben nach unten, so dass drei Spalten entstehen. Schreiben Sie in die erste Spalte »Kleidungsstück«, in die zweite malen Sie ein

	MEINE LIEBLINGSKLEIDUNG					
	Kleidung	**Farbe**	**Material**	**Schnitt**	**Länge**	**Design**
Übung	Hemden Blusen	helle Farben, aber kein reines Weiß	möglichst hoher Baumwollanteil	tailliert, nicht zu eng an den Schultern	nicht zu lang, Arme auf keinen Fall kurz	uni oder Streifen, keine Blumenmuster
	Pullover	schwarz, oliv, dunkelrosa	Wolle, Baumwolle, Leinen; kein Kaschmir	figurnah, V-Ausschnitt oder Rollkragen	nicht zu lang; nicht mit 3/4-Ärmeln!	uni
	Freizeithosen	schwarz, oliv, dunkle Jeans	Baumwolle, Leinen	figurbetont, nicht zu hoch geschnitten	lang, keine 7/8-Schnitte!	uni oder schmale Streifen
	Anzüge	schwarz, anthrazit, keine Brauntöne	Wolle, Leinen	klassisch, kein modischer Schnickschnack	klassisch	uni oder schmale Streifen
	...	...	...	...	...	...

Plus und in die dritte ein Minus. Notieren Sie nun der Reihe nach, welche Eigenschaften Ihre allerliebsten Jacken, Blazer, Hosen, Röcke, Blusen, Pullover, Unterwäsche und so weiter auszeichnen. Schreiben Sie dies alles unter »Plus«. Dann räumen Sie Ihre Lieblingsstücke wieder in den Schrank und nehmen sich die Teile vor, die Sie kaum oder nie anziehen. Prüfen Sie wieder Schnitt, Material, Farbe und so weiter. Was stimmt nicht mit diesen Stücken? Notieren Sie Ihre Ergebnisse unter »Minus«. Jetzt haben Sie den Schlüssel zu Ihrer Lieblingskleidung. Daraus können Sie nun eine Übersicht wie im Kasten »Meine Lieblingskleidung« (siehe Seite 100) erstellen. Wenn Sie die Liste bei Ihrer nächsten Shopping-Tour mitnehmen, können Sie Fehlkäufe von vornherein vermeiden.

Sie und Ihr Kleiderschrank

Viele Entrümpel-Experten raten, alle Sachen auszusortieren, die Sie ein Jahr lang nicht getragen haben (siehe Seite 107). Sie empfehlen eine systematisch aufgebaute Basis-Garderobe aus hochwertigen Kleidungsstücken. Dagegen könnte Ihr Schweinehund etwas haben – und vielleicht hat er manchmal sogar Recht:

1 Eine langlebige Basisgarderobe ist etwas für Leute, die sich nicht für Mode interessieren. Für trendbewusste Menschen ist dieses Konzept viel zu langweilig. Sind Sie modebewusst? Dann lassen Sie sich eine genügend lange Leine. Natürlich gönnen Sie sich jede Saison ein paar schicke neue Sachen. Wenn Sie die Plus-Minus-Liste angelegt haben, wissen Sie jetzt genau, wonach Sie suchen müssen.

2 Shopping macht einfach Spaß, und den dürfen Sie sich hin und wieder auch gönnen. Shopping ist oft ein bisschen irrational, vielleicht sogar leicht verrückt. Wenn Sie sich diese kleinen Eskapaden komplett zu verbieten versuchen, verleitet Sie Ihr Schweinehund nur zu unkontrollierten Spontankäufen. Darauf können Sie sich gefasst machen.

3 Viele Kleidungsstücke sind auch Erinnerungsstücke. Sie wissen genau, wo Sie was gekauft haben. Im Urlaub etwa oder bei einer Shopping-Tour mit Ihrer Freundin. Sie erinnern sich an die Boutique und an Ihre Stimmung. Vielleicht verspürten Sie ein richtiges Glücksgefühl beim Kauf. Natürlich wird Ihr Schweinehund verhindern, dass Sie so ein Kleidungsstück einfach in den Altkleidersack stopfen.

4 Abendkleider und Smoking kommen vielleicht nicht jedes Jahr zum Einsatz. Deshalb brauchen Sie die Sachen aber nicht gleich auszusortieren. Das Gleiche gilt für Kleidung, die Sie nur im Urlaub tragen: zum Beispiel Sonnenhüte, Bekleidung für den Strand oder zum Wandern. Das alles wegzuwerfen wäre doch Verschwendung! Einigen Sie sich mit Ihrem Schweinehund darauf, die Stücke, fein säuberlich verpackt, für die nächste Saison zu verstauen.

Das Badezimmer

Ihr Bad ist Ihr persönlicher Wellness-Tempel, egal, wie klein es auch sein mag. Hier geht es um Pflege und Entspannung. Weil dies eine sehr persönliche Angelegenheit ist, sehen Badezimmer recht unterschiedlich aus: Emotionale Typen lieben es, sich mit einer Vielzahl von Kosmetika, Tiegelchen und Töpfen, Spiegeln und Kerzen zu umgeben. Rationale Typen bevorzugen ein nüchternes Ambiente ohne viel Schnickschnack. Hier gibt es kein Patentrezept. Es geht nur darum, dass Sie sich wohl fühlen. Doch zu welchem Typ Sie auch zählen – für alle gilt: Umgeben Sie sich nur mit Dingen, die Sie wirklich mögen.
So bleiben Sie gerümpelfrei:

Kosmetik: Bringen Sie Ihre Kosmetik in ein System. Entweder Sie bewahren jeweils Lippenstifte, Kajalstifte und Ähnliches zusammen in einem schönen Behältnis auf. Oder Sie gruppieren Ihre Kosmetik nach Anlässen: Zum Beispiel »Für jeden Tag« oder »Großes Abend-Make-up«. Oder nach Farben: »Sommer-Farben«, »Winter-Farben«, »Rot-Töne« oder »Grün-Töne«. So müssen Sie nicht lange suchen und laufen auch weniger Gefahr, etwas doppelt zu kaufen.

Parfüm: Unterziehen Sie Ihre Parfums regelmäßig einem Geruchstest: Ältere Produkte verlieren ihren guten Duft.

Gebrauchsartikel: Gönnen Sie sich regelmäßig neue Zahnbürsten, aber auch Haarbürsten und Nagelfeilen. Werfen Sie dann die alten weg! Sie brauchen Sie wahrscheinlich nicht zum Putzen. Und wenn Sie doch mal eine Fuge mit einer Zahnbürste reinigen müssen, können Sie immer noch ein günstiges Exemplar extra zu diesem Zweck kaufen.

Bürste und Kamm: Haben Sie die Angewohnheit, sich nicht nur im Bad zu frisieren, sondern auch manchmal im Schlafzimmer oder im Flur? Dann gönnen Sie sich alles, was Sie dazu brauchen, in mehrfacher Ausführung. Sehen Sie jeweils einen festen Platz dafür vor. Damit wandern Bürste und Kamm nicht mehr durch die Wohnung und liegen nicht mehr herum, und Sie müssen die Gegenstände auch nicht mehr suchen, wenn Sie sie brauchen.

Aktion

BADEZIMMER

Raus damit:

Kosmetik
- deren Haltbarkeitsdatum abgelaufen ist
- die Sie nicht mögen und nicht benutzen

Dekoration
- die schäbig aussieht
- die Sie nicht mögen

Pflanzen
- die zu groß sind
- die ständig Blätter verlieren

Ihre Nutzräume

Wenn Sie Ihren Gerümpel-Schweinehund im Wohn- oder Schlafzimmer nicht finden können: Schauen Sie doch mal im Keller(abteil), der Abstellkammer oder auf dem Dachboden nach – dort fühlen sich unsere Begleiter besonders wohl. Klar: Diese Räume betritt man nicht jeden Tag. Besuch bekommt sie auch nicht zu sehen. Da liegt es nahe, dass sich hier größere Mengen von Krempel anhäufen: Tür auf, Gerümpel rein, Tür zu. Der Nachteil: Auch wenn Sie sich den Zustand dieser Räume nicht jeden Tag vor Augen führen – letztlich wissen Sie doch ganz genau, wie es dort aussieht. Und Sie laufen jeden Tag mit dem Eigentlich-müsste-ich-mal-entrümpeln-Gefühl herum. Aber Sie wissen ja bereits: Solche Eigentlich- und Müsste-Vorsätze frisst der Schweinehund zum Frühstück. Daher gilt auch hier: Ein klares inneres Bild von der gerümpelfreien Abstellkammer und ein schweinehundsicherer Entschluss sind schon die halbe Miete. Wie Sie in Ihren Nutzräumen ganz konkret ans Werk gehen, erfahren Sie hier.

Der Keller

Kellerräume werden häufig als Symbol für das Unterbewusstsein verwendet. Hier geht es um alles, was gerne »unter den Teppich gekehrt« wird: nicht eingestandene Wünsche, ungeklärte Beziehungen, ungelöste Proble-

me. Vielleicht haben Sie Ihre alten Tagebücher und Liebesbriefe im Keller gelagert? Die Reste Ihrer früheren Hobbys? Ihre alten Unterlagen aus Schulzeiten, Lehre oder Studium? So kommt es, dass viele Menschen ein unbehagliches Gefühl in ihrem Keller verspüren. Wenn es hier auch noch dunkel, kalt und feucht ist, setzt das Gerümpel zudem eine scheußliche Patina an. Das steigert das unangenehme Gefühl noch mehr: Wirklich haben wollen Sie die Sachen nicht mehr. Aussortieren mögen Sie sie aber auch nicht. Machen Sie Schluss mit diesem Zustand! Reservieren Sie sich einen festen Termin für Ihre Keller-Entrümpelung. Beim ersten Mal muss das gar nicht lange sein. Es kommt darauf an, dass Sie überhaupt anfangen. Vielleicht hilft Ihnen ein Walkman mit rockiger Musik? So bleiben Sie gerümpelfrei:

Aufbewahrung: Ihr Keller eignet sich für Dinge, die Sie selten brauchen (und nur dafür!). Zum Beispiel Blumenerde, Werkzeug, Weihnachtsdekoration. Wenn Sie Kinder haben: Drachen, Rollschuhe, Gummistiefel. Stellen Sie diese Dinge nicht einfach irgendwo ab, sondern gönnen Sie sich nach Möglichkeit Kellerregale. Die gibt es recht günstig im Baumarkt oder bei einem der großen Händler für Selbstbau-Möbel. In diese Regale stellen Sie große, verschließbare Kisten aus Plastik oder Blech. Beschriften Sie die Kisten deutlich, und schon haben Sie den vollen Durchblick. Und Ihre Sachen sind geschützt.

Große Werkzeuge, Fahrräder und Sportgeräte können Sie an die Wand oder an die Decke hängen. Das sieht gleich ordentlicher aus, und so kann auch nichts mehr umfallen.

Die Abstellkammer

Nicht jede Wohnung hat eine. Wenn Sie eine Abstellkammer Ihr Eigen nennen, können Sie sich glücklich schätzen. Sie ist ein »Hausarbeitsraum« im Mini-Format: Hier lassen sich alle Geräte verstauen, die Sie regelmäßig brauchen, für die in der Wohnung sonst aber kein richtiger Platz ist: zum Beispiel Küchengeräte wie Fritteuse, Waffeleisen, Entsafter; Putzzeug wie Staubsauger, Besen, Eimer; außerdem Wäscheständer, Bügelbrett und Bügeleisen. Wenn genug Stauraum vorhanden ist, können Sie hier auch noch Lebensmittelvorräte und Getränkekisten unterbringen. Aber Ihre Abstellkammer ist auch hochgradig gerümpelanfällig: Sie ist kein Vorzeige-

Zimmer. Und weil sie zur Aufbewahrung von Kram gedacht ist, verlieren Sie hier leicht den Überblick. Welche Ihrer Küchengeräte benutzen Sie tatsächlich? Ist Ihr Putz- und Bügelzeug intakt? Sind die gelagerten Lebensmittel noch haltbar? Vielleicht neigen Sie auch dazu, alles in Ihre Abstellkammer hineinzustopfen, was Sie gerade woanders stört. So bleiben Sie gerümpelfrei:

Stellen Sie sich vor, Ihre Abstellkammer wäre Ihr Mini-Gemischtwarenladen. Sie möchten Ihre Waren attraktiv und übersichtlich präsentieren. Wie machen Sie das? Sie brauchen ein Regal. Darin fassen Sie die Gegenstände thematisch zusammen: Hier alle Küchenmaschinen, da alle Schuhputz-Gerätschaften. Kleine Einzelteile sammeln Sie in beschrifteten Körben oder Boxen. Damit Ihr Laden in

---

ABSTELLKAMMER

Aktion

Raus damit:

Küchengeräte
- die Sie nie benutzen
- die unpraktisch/defekt sind

Putz- und Bügelzeug
- das Sie nie benutzen/schäbig ist
- das mehrfach vorhanden ist

Lebensmittel
- die abgelaufen sind
- die Sie nicht mögen
- leere Flaschen

Schuss bleibt, betreiben Sie permanente Regalpflege: Ladenhüter werfen Sie hinaus, Lücken füllen Sie so schnell wie möglich.

Der Dachboden

Der Dachboden steht symbolisch für Weitblick, Freiheit und Zukunft. Nicht umsonst sitzen die Chefs großer Konzerne immer im obersten Stockwerk. Niemand käme auf die Idee, über ihren Köpfen noch eine Etage mit Gerümpel einzurichten. Wenn Sie einen Dachboden voller Krempel haben, dann stellen Sie sich einmal vor, Sie wachten eines Morgens auf und er wäre entrümpelt und perfekt aufgeräumt. Wie fühlt sich das an, keine Last mehr über dem Kopf zu haben? Nehmen Sie sich kurz Zeit, um diesem Gefühl nachzuspüren. Ist es nicht eine angenehme Empfindung? Dann nichts wie los.

So bleiben Sie gerümpelfrei:
Ihren entrümpelten Dachboden können Sie einrichten wie einen Theater-Fundus: Sorgen Sie für einen hindernisfreien Zugang zu allen Gegenständen. Stellen Sie häufig benutzte Dinge in der Nähe des Eingangs auf. Bilden Sie thematische Gruppen: Dekoration, Basteln, Hobbys, Winterkleidung, Karnevalskostüme, Baumaterial. Gönnen Sie sich stabile Kisten und Kästen. Die gibt es preiswert im Baumarkt oder beim Selbstbau-Möbelhändler. In Ihre Kisten dürfen nur Gegenstände, die in Ordnung sind und die Sie tatsächlich nutzen. Wenn Sie viel Platz haben, stellen

Sie die Kisten auf den Boden. Ansonsten können Sie auch hier ein Lagerregal aufbauen. Gewöhnen Sie sich an, alle benutzten Dinge sofort an die richtige Stelle zu räumen. Sie kurz mal hinter der Tür abzustellen ist tabu! Tipp: Wählen Sie jemanden aus Ihrer Familie oder Wohngemeinschaft als Fundus-Chef. Er oder sie behält die Ordnung im Blick und darf die Benutzer des Dachbodens zur Raison rufen. Einmal jährlich wird er oder sie als Dank für diesen undankbaren Job feudal zum Essen ausgeführt.

Die Garage

Garagen haftet ja etwas Legendäres an: Hier sollen schon Firmenimperien gegründet worden sein. Berühmte Rockbands haben dort ihre ersten Proben abgehalten und so mancher Hobby-Handwerker hat an diesem Ort seine wahre Berufung gefunden. Die realen Verhältnisse lassen allerdings für derartige Kreativität meist keinen Raum, oft gilt ja sogar für den eigentlichen »Nutzer« der

Garage (Ihr Auto!): Ich muss leider draußen bleiben. Der Schweinehund hat bei Garagen leichtes Spiel: Es ist so einfach, hier ganz schnell mal die Schubkarre unterzustellen, den Rasenmäher, das halbfertige Heimwerker-Projekt, die Winterreifen und die Fahrräder – zumal die Garage ja oft wirklich der einzige Ort ist, an dem derartige Dinge unterzubringen sind. Das gilt natürlich auch Stellplätze in Tiefgaragen. Der Nachteil: Garagen müllen von hinten nach vorne zu. Man kommt also mit der Zeit an die Sachen, die hinten stehen, gar nicht mehr heran. Diese Gegenstände geraten in Vergessenheit und verkommen. Eine Überlegung könnte Ihren Schweinehund aber überzeugen, hier mal gründlich aufzuräumen: Eine verrümpelte Garage kostet Sie dreifach bares Geld: Erstens für die Dinge, die sich in Kram verwandeln. Zweitens für Ihr ungeschützt dem Wetter ausgesetztes Auto. Und drittens für den Garagenplatz selbst. Stoppen Sie diese Verschwendung. Es ist ganz leicht.

So bleiben Sie gerümpelfrei:

Regalbretter: Montieren Sie Regalbretter an die Rückwand Ihrer Garage – lassen Sie dabei unten einen Meter frei. So hat auch Ihr Auto noch genügend Platz.

Fahrräder: Hängen Sie Fahrräder an die Wand oder an die Decke. Entsprechende Aufhäng-Vorrichtungen oder Zugsysteme gibt es im Baumarkt oder beim Fahrradhändler. Alternativ können Sie diese Aufhäng-Systeme auch im Keller anbringen.

Reifen: Überlegen Sie, ob Sie die Winter- beziehungsweise Sommerreifen in Ihrer Autowerkstatt einlagern lassen. Meist ist das schon gegen ein geringes Entgelt möglich. Sie müssen sie beim nächsten Reifenwechsel dann auch nicht erst umständlich in Ihr Auto wuchten.

Gartengeräte, Leiter: Auch dafür gibt es professionelle Aufhäng-Systeme. Wählen Sie am besten einen Garagen-Hausmeister aus Ihrer Familie oder Wohngemeinschaft. Er sorgt dafür, dass das Auto jeden Abend in die Garage fahren kann. Nach Ablauf seiner Amtszeit bekommt er dafür ein besonderes Dankeschön. Wie groß dieses Dankeschön ausfällt, richtet sich nach der Länge der Amtszeit und der Gerümpel-Anfälligkeit Ihrer Garage. Feiern Sie Ihren Garagen-Hausmeister ausgiebig.

Aktion

GARAGE

Raus damit:
- defekte Gartenmöbel
- Heimwerkerprojekte, die Sie – seien Sie ehrlich! – nicht zu Ende bringen werden
- halb aufgebrauchte Farbeimer
- defekte Fahrräder oder Motorräder
- ausrangierte Autoreifen
- nicht benutzte Gartengeräte
- und was Sie sonst noch an Gerümpel hier gesammelt haben

»MEHR SPASS IM SCHRANK«

Gitta Kleinesper ist Inhaberin von »Outfit Support Hamburg« (www.mehr-spass-im-schrank.de). Sie bringt System in die Kleiderschränke ihrer Kundinnen und Kunden.

Wie gehen Sie beim Entrümpeln eines Kleiderschranks vor?

Im Prinzip ganz einfach: alles kommt raus! Ich bringe immer einen stabilen Kleiderständer mit zum Kunden, damit wir in Ruhe aussortieren können. Was auf der Stange hängt, wird nach drei Kategorien vorsortiert: bleibt, vielleicht, weg. Die »Bleiben-Sachen« werden später mit System zurückgehängt. Die »Weg-Sachen« kommen gleich in einen Sack. Die »Vielleicht-Sachen« probiert der Kunde vor dem Spiegel an. Dabei wird schnell klar, woran es hakt.

Wie bringen Sie System in den Kleiderschrank?

Möglich ist eine Sortierung nach Farben: Dabei hängen zum Beispiel alle blauen Kleidungsstücke zusammen. Oder nach Formen: alle Hosen zusammen, alle Hemden zusammen. Oder nach Outfits: auf einem Bügel hängen alle Teile, die zu einem Outfit gehören. Oder nach Anlässen: Arbeit, Freizeit, Sport, Feierlichkeiten. Ich bringe Kartons, Schachteln und Plastikkästen mit, um »Kleinkram« wie Strümpfe, Slips, BHs oder Tücher besser greifbar zu machen.

Sie finden häufig »Schrankleichen« bei Ihren Kunden. Was ist das?

Das ist Kleidung, die nicht kaputt oder unmodisch ist, aber trotzdem nicht getragen wird. Meistens sind das Teile, die reduziert gekauft wurden. Oder aber geerbte oder geschenkte Kleidung. Ganz oft sind es auch Kleidungsstücke, die nicht mehr zu uns passen, weil wir uns weiterentwickelt haben, mit denen wir unbewusst aber eine gute Erinnerung verbinden.

Welche Fehler machen modebewusste Frauen typischerweise?

Viele Frauen machen jede Mode mit, ohne darauf zu achten, welcher Stil zu ihnen passt oder welche Mode bei ihrem Körperbau gut aussieht. Ein Fehler ist es auch, zu viele Farben zu haben. Jede Frau sollte sich eine Basisfarbe suchen, in der sie jedes Kleidungsstück besitzt: Mantel, Jacke, Blazer, Hose, Rock, Strickjacke, Pullover, Twinset. Basisfarben sind schwarz, dunkelblau, grau, braun und beige. Sie sind leicht zu kombinieren und können jede Saison mit einer peppigen Modefarbe ergänzt werden. Viele Frauen folgen auch ihrem Gefühl, etwas Neues zu brauchen. Sie prüfen aber vorher nicht, was überhaupt fehlt. Weil jede Frau ihr eigenes Beuteschema gespeichert hat, greift sie immer wieder nach den gleichen Stücken.

Was ist typisch für Männer?

Männer wollen es so einfach wie möglich: Bitte nichts zusammenlegen oder aufhängen müssen, am besten nur irgendwo hinwerfen. Schubladen sind Männern daher am liebsten, ob im Schrank oder in der Kommode.

Garten und Balkon

Viele Menschen sind sehr glücklich, wenn Sie über einen Garten oder einen Balkon verfügen. Oder haben Sie sogar beides? Wie wunderbar. An diesen Orten der Erholung und Entspannung können Sie den Lauf der Jahreszeiten verfolgen. Wenn Sie einen grünen Daumen haben, können Sie sich hier richtig austoben. Vielleicht haben Sie sogar einen Kräuter- und Gemüsegarten angelegt.

So schön diese Außenbereiche Ihrer Wohnung auch sind – sie machen Arbeit. Regelmäßig müssen Pflanzen gepflegt, gestutzt, neu gepflanzt oder umgetopft werden. Da fällt viel Gerümpel an: Zweige und Blätter, verbrauchte Erde, Blumentöpfe. Wenn Ihr Garten oder Balkon sehr klein ist, können Sie ihn nach einer kurzen Zeit der Vernachlässigung schon gar nicht mehr richtig benutzen. Und das geht sehr schnell: Sie brauchen nur einmal drei Wochen in den Sommerurlaub zu fahren. Eine weitere Tücke liegt in den vielen Dekorations-Ideen, die in jeder Saison neu auf den Markt kommen: Engel aus Gips, Kugeln aus Ton, Solarleuchten, Brunnen, Feuerschalen und allerlei Zierfiguren. Wunderschöne Dinge, die sich aber auch sehr schnell in Krempel verwandeln können.

Lassen Sie es nicht so weit kommen, und widmen Sie Ihrer persönlichen Oase besondere Aufmerksamkeit. Ihr Schweinehund wird es Ihnen sogar danken, denn auch er liegt gerne draußen in der Sonne.

GARTEN

Aktion

Raus damit:
- Sperrmüll, Unrat, Blätter, Zweige
- unansehnliche Pflanzen
- ausrangierte Blumentöpfe
- defekte Gartenmöbel
- schäbige Dekoration
- nicht funktionstüchtige Leuchten

So bleiben Sie gerümpelfrei:

Pflanzen: Wenn Sie keinen grünen Daumen haben, organisieren Sie sich Hilfe für die Gartenarbeit. Vielleicht finden Sie jemanden im Familien- oder Freundeskreis. Ansonsten geben Sie ein Inserat auf oder hängen einen Aushang an ein geeignetes Schwarzes Brett. Oft finden Sie hier auch schon passende Angebote.

Blumentöpfe: Weg damit! Es ist oftmals günstiger, die richtige Größe neu zu kaufen, als Kubikmeter Ihres wertvollen Garten- oder Balkonraums mit leeren Blumentöpfen zu blockieren.

Garten-Dekoration: Weniger ist oft mehr. Kaufen Sie nicht wahllos Sonderangebote, sondern überlegen Sie sich ein stimmiges Konzept. Vielleicht möchten Sie sich auf »Dekoration aus Ton« beschränken oder auf eine bestimmte Farbe. Wenn etwas nicht mehr gut aussieht: Ab in den Müll damit. Sie werden es kaum vermissen.

Büro, Büro!

Wahrscheinlich haben Sie zwei Büros: eines bei Ihrem Arbeitgeber und eins zu Hause. Auch wenn Sie selbstständig oder Freiberufler sind, findet sich meist in Ihrer Wohnung noch eine kleine Büroecke. Wenn Sie ein großes Haus haben, dann verfügen Sie vielleicht über ein eigenes Arbeitszimmer. Oder Sie haben in der Ecke Ihres Schlaf- oder Wohnzimmers eine kleine »Kommando-Zentrale« aufgebaut. Hier bearbeiten Sie Ihre Rechnungen, korrespondieren mit der Krankenkasse, buchen Ihren Urlaub im Internet.

Ihr Schweinehund liebt Stapel

Wie auch immer Ihr privates Büro eingerichtet ist: Es steht auf der Liste der gerümpelgefährdeten Zonen ganz oben. Gefahr Nummer eins: Papierstapel. Sie scheinen sich von alleine zu bilden, wenn man mal zwei Tage nicht genau hinschaut. Zu schnell lässt man sich dazu verleiten, nur mal eben kurz was abzulegen, das man später erledigen will: Schreiben vom Finanzamt, Angebots-Zettel vom Discounter, Kontoauszüge, Urlaubs-

BÜRO

Raus damit:

Gedrucktes
- Reklame, die nicht aktuell ist
- Zeitungen, älter als sieben Tage
- Zeitschriften, die keine für Sie interessanten Artikel enthalten
- Telefonbücher und Kataloge, die älter als ein Jahr sind
- Nachschlagewerke, die älter als fünf Jahre sind oder die es als CD gibt
- Auto-Atlanten, älter als drei Jahre
- Gebrauchsanleitungen von Geräten, die Sie nicht mehr benutzen
- Kalender vergangener Jahre
- Bücher zu Themen, die Sie nicht mehr interessieren
- uninteressante Angebote
- ungelesene Fachartikel, die älter als ein halbes Jahr sind

Objekte
- unsinnige, nutzlose und hässliche Werbegeschenke
- defekte Stifte, Scheren etc.
- schäbiges Büromaterial
- nicht genutztes Büromaterial
- mehrfach vorhandene Dinge, die Sie nur in einer Ausführung brauchen

prospekte. Und schon haben Sie einen Stapel, den Sie nicht einfach so in die Papiertonne werfen können. Sie müssen ihn Schicht für Schicht wieder abtragen, weil wichtige Papiere darin versteckt sein könnten. Schreibtische, Regale und Fußböden voller Papierstapel sind richtige Schweinehund-Paradiese: Weil Stapel so unübersichtlich aussehen, ist es für den Schweinehund ganz leicht, Sie von der Arbeit abzuhalten. Er braucht nur einmal zu sagen: »Lass es, das schaffst du sowieso nicht!« Und schon suchen Sie kampflos das Weite.

Mappenwagen: Der richtige Dreh

Eine der hilfreichsten Simplify-your-Life-Ideen von Werner Tiki Küstenmacher lautet: Drehen Sie Ihre Stapel einfach um 90 Grad. Türmen Sie das Papier nicht länger auf, sondern stecken Sie es in einen Mappenwagen. Vornehmer heißt es: Hängeregistratur. Das ist ein Gestell, in dem oben offene Papp-Mappen hängen. Die gibt es in verschiedenen Farben, und sie lassen sich mit kleinen Plastikschildern kennzeichnen, die wie Reiter oben auf den Mappen sitzen. Tatsächlich werden sie auch »Reiter« genannt.

Auch wenn es etwas nach Behörde aussieht: Gönnen Sie sich einen solchen Mappenwagen. Es gibt sie günstig bei Versandhandlungen für Bürobedarf. Auch der große schwedische Möbelhändler hat Derartiges im Angebot. Legen Sie Mappen für alle Aufgaben und Informationen an, die bei Ihnen regelmäßig anfallen. Es gibt keine verbindliche Regel dafür. Ihr System muss zu Ihrer Situation passen. Mit farbigen Mappen können Sie verschiedene Kategorien bilden (Kinder, Haus, Freizeit), die Sie wiederum in Unterpunkte teilen (Kinder: Schule, Sport, Finanzen). Sie können aber auch nach Aktionen sortieren (anrufen, Angebot schicken, nachhaken, Vertrag schicken, abschließen). Oder Sie entscheiden sich für ein Mischkonzept. Vermeiden Sie unbedingt Mappen mit ungenauen Aufschriften wie »Sonstiges« oder »Erledigen«. Schreiben Sie darauf, was wirklich in der Mappe oder zu tun ist.

Der Mappenwagen bietet mehrere Vorteile: Sie sehen Ihr System auf einen Blick, und Sie können neue Unterlagen sofort einsortieren – auch ohne lochen. Wenn Sie für eine Unterlage keine Mappe haben, richten Sie sofort eine neue ein. Das geht ganz schnell. So vermeiden Sie Stapelbildung von vornherein! Ihr Schreibtisch bleibt frei, und Sie können unbeschwert arbeiten. Sie haben alles im Blick. Das Gefühl, von den Arbeitsstapeln »erschlagen« zu werden, ist einfach weg. Ihrem Schweinehund ist ein solches Arbeitsumfeld viel zu ungemütlich. Er wird sich lieber aus dem Staub machen und Sie in Ruhe arbeiten lassen.

Ihr Mappenwagen ist eine Durchgangsstation. Hier kommen alle Unterlagen hinein, mit denen Sie aktuell arbeiten. Dann wandern sie entweder in den Papierkorb oder ins Archiv, also in stabile Aktenordner oder Stehsammler.

UNTERSCHIEDLICHE ORDNUNGSSYSTEME

WENN SIE ZUM BEISPIEL HAUSFRAU/ MUTTER SIND, KÖNNTEN SIE FOLGENDE MAPPEN EINRICHTEN:

Gelbe Mappen: Kinder

Kindergarten: Infoblätter, Termine für Elternabende, Adresslisten

Schule: Infoblätter, Formulare, Termine, Stundenpläne

Sportverein: Infoblätter, Termine

Musikschule: Infoblätter, Termine

Krankenkasse: Rechnungen, Rezepte

Konten/Sparbücher/Depots: Bank-Korrespondenz

Geburtstage: Ideen für Geburtstagsfeiern, Gästelisten, Geschenkideen

Orangefarbene Mappen: Eltern

Versicherungen: aktuelle Vorgänge

Banken: Kontoauszüge, aktuelle Korrespondenz

Steuer: Belege

Weiterbildung: Termine, Unterlagen

Produkte: Kataloge, Testergebnisse, Bestellzettel, Lieferscheine, Gutscheine

Rote Mappen: Haus/Wohnung/Auto

Strom- und Gasversorger: Rechnungen, Korrespondenz, Kontaktdaten Installateur und Schornsteinfeger, Termine

Abonnements: Rechnungen, Angebote Probe-Abos

Bank/Bausparkasse: Aktuelle Vorgänge

Auto: Kontaktdaten Werkstatt, Rechnungen, Termine

Blaue Mappen: Haushalt

Dekoration: Ideen, Zeitungsausschnitte

Rezepte: Notizen, Zeitungsausschnitte

Angebote: Aktuelle Angebote, Reklame

Grüne Mappen: Freizeit

Urlaub: Prospekte, Kontaktdaten, Zeitungsausschnitte, Fahrkarten, Buchungsbestätigungen, Stadtpläne

Wochenende: Ideen, Kontaktdaten, Kulturtermine, Eintrittskarten, Gutscheine

Weitere mögliche Mappen:

Schmierpapier

Geburtstagskarten

Aktuelle Fotos

Kunstwerke der Kinder

ALS SELBSTSTÄNDIGER MÖCHTEN SIE IHRE MAPPEN VIELLEICHT NACH AKTIONEN ORDNEN:

Anrufen: Kontaktdaten möglicher Kunden

Angebot schicken: Kontaktdaten von Kunden, die ein Angebot angefordert haben

Nachhaken: Kontaktdaten von Kunden, denen bereits ein Angebot vorliegt

Vertrag schicken: Verträge formulieren und zum Kunden schicken

Abschließen: Vertrag zum Abschluss bringen, gegebenenfalls nachverhandeln

Oder Sie bevorzugen eine Ordnung nach Stadtteilen oder nach Kunden. Organisieren Sie Ihren Mappenwagen so, wie es Ihrer Arbeitsweise am besten entgegenkommt.

Ihr Archiv

Aktenordner sind ein Aufbewahrungsort für Akten, die Sie archivieren müssen. Das war's! Denn die klassischen Ordner eignen sich für die tägliche Arbeit viel schlechter als allgemein angenommen: Zum einen sind sie sehr schwer und nehmen aufgeklappt oft mehr Platz ein, als der Schreibtisch hergibt. Zum anderen ist das Hin- und Herblättern fast so anstrengend wie Hantel-Training. Und alles, was nicht DIN-A4-Format hat, passt nicht richtig hinein.

Stehsammler eignen sich gut für dickere, geheftete Unterlagen, die weder in Aktenordner noch in Ihre Mappen passen. Hier können Sie Fachzeitschriften sammeln, Kataloge oder Gebrauchsanleitungen. Es gibt auch Stehsammler für Hängemappen. Wenn Sie keine Lust haben, den Inhalt Ihrer Mappen in Aktenordner umzusortieren, dann hängen Sie Ihre Mappen dort hinein. Aber Achtung: Vorher unbedingt jede Mappe entrümpeln.

Ein Registraturschrank ist ein Möbelstück extra zum Aufbewahren von Hängemappen. Beliebt sind schmale Schränke mit drei, vier oder fünf Schubladen, in denen die Mappen hintereinander hängen. Registraturen gibt es aber auch als Modul in handelsüblichen Büroschränken. Diese Aufbewahrung von Akten ist ideal für alle, die sich bei kleinem Zeitaufwand den größtmöglichen Überblick wünschen.

Der Schreibtisch

Das Mappenwagen-System hat noch einen enormen Vorteil: Ihr Schreibtisch ist so gut wie leer. Jetzt gilt es nur noch, die aktuell benutzten Unterlagen vor dem Schweinehund in Sicherheit zu bringen. Er liebt es nämlich, Papiere unproduktiv hin und her zu schichten. Um ihn daran zu hindern, installieren Sie eine Art Rutschbahn auf Ihrem Schreibtisch. Es geht nur in eine Richtung, und das ziemlich schnell. Sie können zwei Körbe aufstellen oder einfach zwei freie Flächen dafür reservieren. Kleben Sie zwei Zettel mit großen Lettern auf: »Start« und »To do«.

Start: Das klingt viel motivierender und nicht so bürokratisch wie »Eingangskorb«. Hier stellen sich alle »Kandidaten« auf, die heute über Ihre Schreibtisch-Rutschbahn sausen werden: Ihre Post, Kataloge, Zeitschriften, Telefon-Notizen. Hier stapeln Sie außerdem alles, was Sie heute erledigen wollen: Das können ganze Mappen aus Ihrem Mappenwagen sein. Wenn die Mappen zu umfangreich sind, reicht auch ein Notizzettel mit Stichworten.

Jetzt nehmen Sie Stück für Stück zur Hand: Sie entscheiden, was damit zu tun ist, und tun es sofort. Als Erstes werfen Sie uninteressante Post in den Mülleimer. So haben Sie gleich ein Erfolgserlebnis – und damit ist auch der Schweinehund auf Ihrer Seite. Wenn Sie Ihre Schreibtischarbeit beenden, ist dieser Stapel weg.

»To do«: Hier landet alles, was Sie nicht sofort erledigen konnten. Vielleicht haben Sie jemanden nicht erreicht, oder Sie brauchen noch eine Info. Nach Möglichkeit ist auch dieser Stapel weg, wenn Sie Ihren Schreibtisch verlassen. Wenn nicht: Machen Sie sich eine Notiz, was Sie noch zu tun haben. Hängen Sie die entsprechende Mappe auf jeden Fall wieder an ihren Platz im Mappenwagen.

»Post«: Ein dritter Korb mit der Aufschrift »Post« ist nur sinnvoll, wenn Sie jeden Tag viel Ausgangspost produzieren. Da heute vieles per E-Mail erledigt wird, brauchen Sie wahrscheinlich keinen eigenen Ausgangskorb. Wenn Sie in einem Büro arbeiten, bringen Sie die Briefe lieber gleich zur Poststelle. Zu Hause stecken Sie die Post gleich in Ihre Tasche. Kleben Sie einen Post-it oben auf die Tasche, damit Sie die Post nicht tagelang mit sich herumtragen.

So bleiben Sie gerümpelfrei:

Post:

- Stellen Sie beim Öffnen Ihrer Post einen Papierkorb direkt neben sich. Reklame und anderes Unwichtiges können Sie gleich entsorgen. Aktuelle Angebote von Händlern finden Sie auch im Internet. Wenn Sie etwas brauchen, schauen Sie dort einfach nach. Oft erkennen Sie uninteressante Post schon von außen (keine persönliche Anschrift, Aufdrucke wie »Gratis« etc.). Werfen Sie solche Post ungeöffnet weg.

Bin beschäftigt!

Leere Schreibtische sind mir ein Graus. Was sollen denn die Kollegen denken? Das sieht ja aus, als hätte mein Mensch gar nichts zu tun! Hohe Papierstapel zeigen allen, wie wichtig er ist. Und vor allem, dass er ziemlich überlastet ist. Was nichts anderes heißt als: Er kann jetzt leider keine neuen Aufgaben übernehmen. Es ist doch viel schöner, sich zwischen den Papierstapeln zu verstecken, als effektiv zu arbeiten.

- Setzen Sie auf Tempo: Wenn ein Amt oder Unternehmen von Ihnen eine Antwort erwartet, schauen Sie auf dem Schreiben nach der E-Mail-Adresse des Absenders. Senden Sie eine kurze, aussagekräftige und freundliche Mail – und fertig. Oder Sie schreiben Ihre Antwort per Hand auf das Originalschreiben und faxen es zurück. Mit freundlichen Grüßen natürlich. Je schneller Sie die Vorgänge abhaken, desto besser.

- Rechnungen und andere wichtige Dokumente kommen – sortiert! – in Ihren Mappenwagen. Dort warten Sie auf ihre weitere Bearbeitung: Rechnungen bezahlen Sie gesammelt, dann ordnen Sie die Blätter an die richtige Stelle in Ihren Aktenordnern ein. Damit in Ihrem Mappenwagen keine wichtige Terminsache untergeht, kleben Sie große Post-its in Signalfarben auf die Reiter der entsprechenden Hängeordner.

● Schreiben von Ihrer Bank, Versicherung oder der Rentenkasse können auch zunächst im Hängeordner gesammelt werden. Beim Einsortieren in Ihre Aktenordner prüfen Sie noch einmal genau, was wirklich länger aufbewahrt werden muss.

Prospekte, Zeitschriften, Bücher:

● Vermeiden Sie Stapelbildung jeder Art. Sortieren Sie dünnere Drucksachen sofort in Ihren Mappenwagen ein.

● Dicke Prospekte sammeln Sie in den Stehordnern, Bücher in Regalen. Sortieren Sie Bücher aus, die Sie nicht mehr brauchen. Sagen Sie Ihrem besorgten Schweinehund: »Alte Bücher sind Altpapier.« Legen Sie fest, wie viele Ausgaben einer Zeitschrift Sie archivieren wollen. Wenn das neue Heft kommt, werfen Sie das älteste weg.

Ihr Mappenwagen:

● Durchforsten Sie Ihren Mappenwagen einmal pro Woche 10 Minuten lang. Werfen Sie alles weg, was sich erledigt hat. Das genügt, um den Durchblick zu bewahren.

● Sobald ein Projekt abgeschlossen ist (beispielsweise ein Kindergeburtstag, der Abschluss eines Kaufvertrags), sortieren Sie den Mappeninhalt: Was Sie nicht mehr brauchen, kommt ins Altpapier, der Rest in einen Aktenordner oder Stehsammler.

● Alle drei Monate sortieren Sie wichtige Unterlagen (Rechnungen, Garantie-Urkunden), die Sie länger aufbewahren müssen, in Aktenordner ein. Wenn Sie nur wenig zu sortieren haben, reicht möglicherweise auch einmal im Jahr.

● Tragen Sie Ihre Mappenwagen-Pflegetermine in Ihren Kalender ein. Wenn Sie es geschafft haben, sich an den Termin zu halten: Gönnen Sie sich eine Belohnung!

Ihre Ordner:

● Überlegen Sie sich gut, was Sie tatsächlich lange Zeit archivieren wollen oder müssen (gesetzliche Aufbewahrungspflichten!). Nicht jeder Zwischenbescheid ist wichtig.

● Beginnen Sie einen neuen Ordner, wenn der vorige etwa zu drei Viertel gefüllt ist. Das erleichtert das Blättern.

Tipps für die Schreibtisch-Typen

Im ersten Kapitel (siehe Seite 28) haben Sie schon etwas über die verschiedenen Schreibtisch-Typen erfahren. Als rationaler Entrümpler zählen Sie vielleicht zur Gruppe »Designverliebter Leader«. Sind Sie ein sicherheitsbedürftiger Entrümpelungstyp, könnten Sie in dieser Typologie als »Ordnungsfanatiker« gelten. Spontane Entrümpler sind wahrscheinlich in der Kategorie »chaosbeherrschendes Genie« zu finden. Als emotionaler Typ sind Sie vielleicht ein »konsequenter Familienmensch« oder gar ein »Büroanimateur«.

Sie alle haben es natürlich auch mit unterschiedlichen Schweinehunden zu tun: Wenn Sie bei Ihren Entrümpelungsaktionen auf deren Vorlieben ein wenig Rücksicht nehmen, tun Sie sich leichter.

Tipps für sicherheitsbedürftige Entrümpler

Setzen Sie sich nicht zu sehr unter Druck. Ihr Schreibtisch sieht schon jetzt sehr gut aus. Wenn Sie schon seit Jahren ein perfektes Ordnungssystem und überhaupt kein Gerümpel haben: Gratulation! Aber vielleicht lässt sich Ihr System noch um die eine oder andere Idee kreativ ergänzen: Führen Sie Ordner oder Mappen für die Kategorie »Gute Ideen« ein. Oder nennen Sie sie sogar »Verrückte Einfälle«. Keine Angst, Sie laufen nicht Gefahr, ins Chaos abzudriften – dazu haben Sie viel zu viel Bodenhaftung. Sie kurbeln lediglich Ihre Kreativität an. Achten Sie bei der Ablage Ihrer Unterlagen auch darauf, welche Projekte Ihnen wirklich Spaß machen und welche nicht. Lassen Sie sich von Ihren Emotionen leiten: Weiten Sie die Aufgaben aus, die Ihnen Freude bereiten. Wenn Sie auf andere ein bisschen kühl und distanziert wirken, dann

stellen Sie einige Dinge auf, die Ihnen ans Herz gewachsen sind. Das kann ein Familienfoto sein oder ein Bild, das eins Ihrer Kinder gemalt hat, oder auch eine Erinnerung an eine Reise. So zeigen Sie etwas von Ihrer Persönlichkeit, und Ihr Gegenüber kann besser verstehen, was Sie als Mensch ausmacht.

Tipps für rationale Entrümpler

Auch Ihr Schreibtisch sieht ziemlich gut aus. Sie haben Ihr Ordnungssystem im Griff. Vielleicht sind Sie dabei aber ein bisschen zu sehr designverliebt. Das kann dann ein Problem sein, wenn Kunden oder Besucher denken: »Aha, deshalb hat er so hohe Honorare!« Vielleicht reagieren Ihre Mitarbeiter oder Kollegen auch mit Neid auf Ihre schöne Ausstattung und fühlen sich selbst ungerecht behandelt. Nach dem Motto: »Der bekommt so tolle Büromöbel und ich nicht.« Auch Sie zeigen wahrscheinlich ungern Ihre Gefühle. Vielleicht wirken Sie deshalb etwas abweisend; je nach Typ nimmt Ihr Gegenüber Sie möglicherweise sogar als arrogant war. Hier können Sie gegensteuern. Lassen Sie gezielt ein bisschen »dekoratives Gerümpel« übrig: Persönliche Notizen an der Pinnwand, Urlaubsfotos oder das nicht ganz so durchgestylte Geschenk aus Ihrer Abteilung. Das macht Sie sympathisch.

Tipps für emotionale Entrümpler

Sie haben besonders gute Karten, wenn Sie Ihren Schreibtisch in Angriff nehmen: Wenn Sie Ihre Stapel abtragen, sind Erfolge sehr schnell sichtbar. Haben Sie viele Urlaubserinnerungen und bunten Schnickschnack auf Ihrem Schreibtisch gesammelt? Verhandeln Sie mit Ihrem Schweinehund darüber, diese Gegenstände ein bisschen zu reduzieren. Denn wenn es auf Ihrem Tisch aussieht wie im Kindergarten, werden Sie trotz Ihrer Fachkompetenz nicht ernst genommen.

Für Sie ist ein Ordnungssystem mit Mappenwagen besonders sinnvoll: Hier können Sie auch Dinge unterbringen, die Ihnen wichtig sind, aber in keinen klassischen Ordner passen. Versuchen Sie, gut durchdachte Kategorien zu entwickeln. Lassen Sie sich dabei nicht zu sehr von Ihren Gefühlen leiten: Auch die Vorgänge, die Sie ungern erledigen, brauchen eine Ablage. Geben Sie Ihren Lieblingsprojekten nicht den gesamten zur Verfügung stehenden Raum, teilen Sie jedem Projekt so viel Platz zu, wie es wirklich braucht.

Tipps für spontane Entrümpler

Je nach Veranlagung können Sie mit Hängeordnern und Mappenwagen viel anfangen – oder gar nichts. Im ersten Fall mögen Sie das System, weil Sie hier sehr schnell agieren und reagieren können. Ein neues Projekt startet? Dann nichts wie her mit einer neuen Mappe. Eine neue Idee? Sofort festhalten. Im zweiten Fall sind Sie so spontan, dass für Sie ein Mappenwagen viel zu kleinteilig organisiert ist. Dann könnten Sie versuchen, den Mappenwagen mit einer Art Vorsortiersystem zu ergänzen: Sie brauchen einen großen Mülleimer (da Sie wahrscheinlich spontan und in großen Mengen entrümpeln, andererseits aber nicht regelmäßig Ihren Müll hinaustragen) und drei Kästen oder Körbe, die Sie verschiedenen Grobkategorien widmen. Zum Beispiel »Freizeit«, »Job« und »Familie«. Oder: »Jetzt« (laufende Projekte), »Zukunft« (Ideen für künftige Projekte) und »Fertig« (abgeschlossene Projekte). Stellen Sie Ihre Behälter so auf den Boden, dass Sie sie vom Schreibtisch aus bequem erreichen können. Mit dieser Methode halten Sie Ihre Arbeitsplatte frei und müssen dank Ihrer groben Sortierung nicht mehr so viel suchen. Verhandeln Sie mit Ihrem Schweinehund darüber, ob Sie diese Kästen nicht einmal in der Woche, zumindest aber einmal im Monat gemeinsam sortieren wollen.

Der Computer

Beim Computer könnte man ja die Devise fahren: Ein bisschen Unordnung schadet nicht. Schließlich altern die Modelle sehr schnell, alle paar Jahre kaufen Sie einen neuen PC. So haben Sie auch regelmäßig die Chance, ein neues Ordnungssystem anzulegen. Außerdem nehmen die vielen kleinen Gerümpel-Textdateien, die nutzlos auf Ihrem Computer lagern, ja nicht viel Platz weg. Andererseits: Wenn Sie in einem nicht weiter unterteilten »Eigene-Dateien-Ordner« unter zahllosen Textdateien mit kryptischen Bezeichnungen wie »Brief 02.03.« ein bestimmtes Dokument suchen, können dafür schon mal 20 Minuten draufgehen. Und selbst wenn Sie einen neuen Computer erstehen: Meist wird heute auch der Datenbestand vom alten Modell übernommen – und damit auch das Chaos. Eine Aufräumaktion lohnt sich also in jedem Fall. Haben Sie sich mit Ihrem Mappenwagen angefreundet? Punktvorteil für Sie: Sie können die gleichen Kategorien für Ihre Daten übernehmen und haben sofort eine klare Struktur. Nach Projekten, Kunden, Fachgebieten – welche Einteilung auch immer für Sie sinnvoll ist. Achten Sie auch hier auf aussagekräftige Bezeichnungen. Schwammige Titel wie »Dringend«, »To do«, »Sonstiges« oder »Privat« ziehen Gerümpel-Dateien magisch an.

Elektronische Post

Die überaus praktische Kommunikation per E-Mail wird seit einiger Zeit massiv durch »Spam« gestört. Das sind nutzlose Newsletter, Reklame-Mails für Potenzmittel, gefälschte Nobeluhren, Diplome oder für dubiose Aktiengeschäfte. Dazu kommen die Späße, die Ihnen Ihre Freunde, Kollegen und Familienmitglieder schicken. Das Ausmaß der elektronischen Gerümpel-Post ist manchmal so groß, dass von 100 eingegangenen E-Mails gerade noch fünf wichtig sind.

Keine Frage: Auch »Spaß-Mails« sind eigentlich Daten-Gerümpel. Wenn Sie gerne Späße per E-Mail bekommen oder verschicken, ist das natürlich trotzdem in Ordnung. Lachen ist gesund! Richten Sie sich ein Extraverzeich-

Aktion

COMPUTER

Raus damit:
- temporäre Dateien, die Ihr Computer automatisch erzeugt (mit der Endung ».tmp« – hier helfen ggf. auch Dienstprogramme, die solche Dateien automatisch löschen)
- sehr große Dateien, die Sie nicht (mehr) verwenden (Programme, große Bilddateien etc.)
- Dateien, die Sie nur erstellt haben, um ein Programm zu testen
- Spam
- Newsletter
- private Spaßmails
- Mails ohne wichtige Informationen

nis für derartiges Spaß-»Gerümpel« ein. Hier kann sich Ihr Schweinehund so richtig austoben! Verständigen Sie sich aber höflicherweise mit den Empfängern, ob diese sich tatsächlich über solche Sendungen freuen. Hilfreiche Tipps, wie Sie gute E-Mails gestalten, finden Sie zum Beispiel in dem E-Mail-Guide von Jan de Vries (siehe Anhang).

So bleiben Sie gerümpelfrei:

Dateien: Richten Sie ein klar strukturiertes Ordnersystem ein. Orientieren Sie sich hierfür an den Kategorien Ihres Mappenwagens. Speichern Sie Dateien immer sofort am richtigen Ort. Geben Sie jeder Datei einen aussagekräftigen Namen wie »Reklamation Auto 4.5.2006«.

E-Mails: Löschen Sie »Spam« sofort. Richten Sie nach Möglichkeit einen Spam-Filter ein. Bestellen Sie Newsletter ab, die Sie nicht interessieren. Löschen Sie private Mails mit ausschließlich unterhaltendem Inhalt. Richten Sie Ordner für wichtige Informationen und Vorgänge ein. Sortieren Sie nach Projekten, Kunden, Fachgebieten – was auch immer für Sie sinnvoll ist. Nach Abschluss eines Projekts können Sie den kompletten Ordner löschen.

Noch mehr Anti-Gerümpel-Ideen

Mit den bisherigen Tipps konnten Sie sich vor Ihrem Gerümpel schon gut in Sicherheit bringen. Es gibt aber noch mehr Ideen, wie Sie Ihr Leben dauerhaft gerümpelfrei halten!

»Produktfasten«

Eine gute Idee beschreibt Feng-Shui-Beraterin und Designerin Rita Pohle in ihrem Buch *Weg damit:* Um sich das tägliche, unüberlegte Geldausgeben abzugewöhnen, schlägt sie einen »Produktfastentag« pro Woche vor. Es geht ganz einfach: Sie wählen einen Tag, an dem Sie ohnehin lang arbeiten oder abends beim Sport sind. Geben Sie an diesem Tag kein Geld aus – abgesehen natürlich von notwendigen U-Bahn-Tickets oder Ähnlichem. Nehmen Sie sich Ihr Mittagessen von zu Hau-

se mit. Am sichersten funktioniert es, wenn Sie kein Portemonnaie dabeihaben. Der Effekt: Es wird Ihnen wieder bewusst, wie viel Geld Sie »mal eben« für Kleinigkeiten ausgeben, sei es ein Eis oder ein paar Strümpfe. Sie können diese Idee auch variieren: Sie kaufen sich eine Woche lang keine neue Kleidung oder einen Monat lang kein neues Paar Schuhe. Es kommt natürlich auf Ihre persönlichen Vorlieben an, wenn Sie zu Spontankäufen in der CD-Abteilung oder im Buchladen neigen, halten Sie hier Ihre persönliche Fastenzeit.

Gerümpel-Geschenke

Wenn Sie Freunde und Verwandte haben, die Ihnen regelmäßig – und in bester Absicht! – Gerümpel-Geschenke mitbringen, dann stellen Sie dies mit einem einfachen Mittel ab.

- Wünschen Sie sich zum Beispiel nur noch Schnittblumen. Nach einer Woche wandern die Blumen in den Kompost.
- Wünschen Sie sich Delikatessen: Besondere Öle zum Beispiel, besonders hochwertige Schokolade oder kleine Köstlichkeiten in konservierter Form. Diese Geschenke können Sie gemeinsam mit Ihren Freunden genießen, es bleibt kein Krempel übrig.
- Richten Sie eine persönliche Wunschliste im Internet ein. Das kann bei einem professionellen Buch-Versender sein oder aber auf Ihrer eigenen Homepage. Wer immer Ihnen etwas schenken möchte, schaut dort nach und sucht sich etwas von der Liste aus.

Spontankäufe

Können Sie den neuesten Angeboten in den Schaufenstern nicht widerstehen? Dann versuchen Sie folgenden Trick: Notieren Sie sich auf einem Post-it, was Sie im Laden angesprochen hat, wie viel es kostet und das Datum. Kleben Sie diesen Zettel in Ihren Terminkalender auf den Tag genau in einer Woche (bei wöchentlich wechselnden Angeboten in drei Tagen). In der kommenden Woche prüfen Sie: Wollen Sie die Sache immer noch haben? Wenn nicht: Weg mit dem Post-it. Wenn ja: Schauen Sie nach, ob Sie das begehrte Stück noch bekommen können. (Ist es schon vergriffen, ist das meist auch nicht so schlimm, und Sie haben auch noch Geld gespart.)

Bleiben Sie dran!

Setzen Sie sich nicht zu sehr unter Druck mit Ihrem Projekt, auf Dauer gerümpelfrei zu bleiben. Regeln wie »Für jedes Ding, das ins Haus kommt, muss ein anderes Ding hinaus« funktionieren kaum. Solche Vorgaben sind zu starr und lassen sich im Alltag meistens nicht konsequent umsetzen. Sie sind damit nicht vor Ihrem Schweinehund in Sicherheit! Bleiben Sie mit Spaß bei der Sache! Entdecken Sie die Lust am Entrümpeln! Irgendwann gehen Sie dann durch Ihre Wohnung mit dem sicheren Anti-Gerümpel-Blick. Sie sehen ein Kleidungsstück oder einen Gegenstand und sagen sofort: »Hab ich dich erwischt. Du bist Gerümpel!« Ab in die Tonne damit – oder wo immer es hingehört.

Innere Ordnung schaffen

Gerümpel kann nicht nur Ihre Räume blockieren, sondern auch Ihr Inneres. Dazu zählen Dinge, die wir anderen nicht verziehen haben, eigene Schuld, ungeklärte Streitigkeiten, Ärger und Groll. Dieser Ballast sabotiert Ihre Lebenslust. Mehr noch: Miesepeter, Bedenkenträger und Energievampire aller Art kosten Sie viel Kraft. Lassen Sie das nicht zu.

Ich verzeihe dir!

»Und vergib uns unsere Schuld, wie auch wir vergeben unseren Schuldigern«, heißt es im Vaterunser der christlichen Religionen. Das Verzeihen ist auch in den meisten anderen Glaubens- und Kulturkreisen ein wichtiges Postulat. Nachdem sich lange vor allem Theologen damit beschäftigt haben, interessieren sich nun auch Psychologen dafür. Denn nur wenn Sie verzeihen, kommen Sie über eine Verletzung hinweg und können sich innerlich vom »Täter« lösen.

Ein Zeichen von Stärke

Verzeihen setzt voraus, sich mit Verletzung und Schmerz zu beschäftigen. Das will der Schweinehund nicht. Und eigentlich will er auch nicht darauf verzichten, dass der Missetäter von Schuldgefühlen gequält wird. (Das würde er zwar nie offen zugeben – aber es ist so.) Deshalb redet er Ihnen ein, Verzeihen sei ein Zeichen von Schwäche. Ein Rachefeldzug sei genau das Richtige, um Stärke zu demonstrieren.

Leider führt der innere Schweinehund Sie damit auf die falsche Spur. Denn solange Sie nicht vergeben, bleiben Sie emotional an den gebunden, der Sie verletzt hat. Ihre Gedanken kreisen immer wieder um die Frage: »Warum hat er/sie mir das angetan?« Und natürlich um das Ereignis selbst. Das nimmt eine Menge Energie in Anspruch. Energie, die Sie viel sinnvoller einsetzen könnten, zum Beispiel für etwas, das Ihnen wirklich gut tut.

Wenn Sie verzeihen, machen Sie sich nicht klein. Sie verzichten auch nicht auf Ihr Recht oder auf Ihre Meinung. Oft fällt es sogar leichter, die eigene Position sachlich zu vertreten, wenn der emotionale Anteil durch den Vorgang des Vergebens reduziert ist. Sie

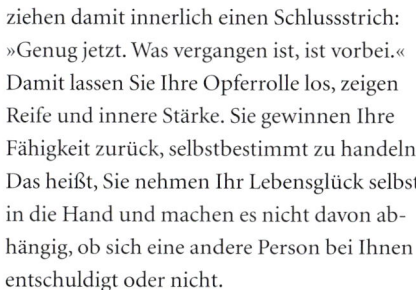

ziehen damit innerlich einen Schlussstrich: »Genug jetzt. Was vergangen ist, ist vorbei.« Damit lassen Sie Ihre Opferrolle los, zeigen Reife und innere Stärke. Sie gewinnen Ihre Fähigkeit zurück, selbstbestimmt zu handeln. Das heißt, Sie nehmen Ihr Lebensglück selbst in die Hand und machen es nicht davon abhängig, ob sich eine andere Person bei Ihnen entschuldigt oder nicht.

Aufgestaute Gefühle loslassen

Manche Menschen haben sich so tief in ihren Groll eingegraben, dass sie nicht mehr miteinander sprechen. Das kommt in Familien vor oder in Dorfgemeinschaften, zwischen ethnischen oder religiösen Gruppen, zwischen Nationen. Jede Partei hält an ihrem Standpunkt fest: Sie beharrt darauf, vom anderen verletzt worden zu sein. Viel zu oft fühlt sie sich dadurch berechtigt, zurückzuschlagen. Welche bahnbrechende Wirkung die Fähigkeit zum Verzeihen haben kann, zeigt das Beispiel Nelson Mandela: Ohne seine Bereitschaft, jahrzehntelang erlittenes Unrecht nicht mit Vergeltung, sondern mit Vergebung zu beantworten, wäre die politische Entwicklung in Südafrika sicherlich anders verlaufen.

Schleppen Sie häufig Groll mit sich herum, gegen Ihren Partner oder Ihre Partnerin, Ihre Kinder, Ihren Chef, Ihre Eltern oder Schwiegereltern? Ihr innerer Schweinehund ist sicherlich sehr zufrieden damit. Er kann voller Selbstmitleid seine Wunden lecken. Was der

»Ich verzeihe dir!«

Wenn ich das sage, habe ich das Gefühl, eine gewaltige Niederlage einzugestehen. Lieber kämpfe ich weiter und sinne auf immer neue Rachefeldzüge! Aber ich muss zugeben: Richtig gute Laune hat mein Mensch dabei nicht. Ich glaube, er fühlt sich insgesamt nicht richtig wohl.

Schweinehund aber nicht einkalkuliert, ist der Preis, den Sie dafür zahlen: Aufgestaute negative Gefühle können sich in Ihren Körper eingraben. Sie ziehen griesgrämige Falten um Ihre Mundwinkel. Und schlimmer noch: Sie können tatsächlich Krankheiten auslösen.

Zwischentöne erkennen

Der Schweinehund liebt Vereinfachungen. Daher fällt es ihm leicht, Ihre Umgebung in einfache Kategorien einzuteilen: »Wer nicht für Sie ist, ist gegen Sie« ist so eine Unterscheidung. Wenn Ihnen jemand wehgetan hat, dann sorgt Ihr Schweinehund dafür, dass Sie diesen Menschen als Gegner betrachten. Er lässt Sie nur noch schwarzsehen. Andere – und vielleicht auch Sie selbst? – idealisiert er: Dies sind »gute« Menschen.

Wenn er Erfolg mit seiner Strategie hat, dann stilisiert er Sie vielleicht sogar zum Opfer und lässt Sie bei jeder Gelegenheit Angriffe und Verletzungen vermuten.

Doch so leicht lässt sich die Welt nicht einteilen. Eine schweinehundfreie Sichtweise zeichnet sich dadurch aus, andere und sich selbst kritisch und zugleich realistisch einschätzen zu können: mit schwarzen, weißen und grauen Tönen. Der eine ist nie nur Täter, der andere nie nur Opfer. Es ist gar nicht so leicht, die innere Haltung gegenüber jemandem zu ändern, der Ihnen wehgetan hat. Aber es lohnt sich, und Sie können es lernen (siehe Kasten Seite 125).

Nachsehen statt nachtragen

Nach einer Kränkung scheint es oft das Einfachste zu sein, die Beziehung abzubrechen. Damit ist die Sache aber nur äußerlich geklärt. Die Kränkung taucht immer wieder auf. Sie denken möglicherweise mehrmals täglich daran. Sie machen einen Bogen um bestimmte Orte, um der Missetäterin oder dem Missetäter nicht mehr zu begegnen. Sie schränken Ihren Aktionsradius ein – freiwillig!
Wenn Sie die Beziehung nicht abbrechen, sondern mit Groll weiterführen, sitzen Sie in einem Käfig aus schlechten Gefühlen. Hass, Zorn oder Groll lassen sich zwar oberflächlich wegschieben, sie kommen aber zurück. Der Schweinehund verkleidet sich dabei gerne mit der Maske der Gerechtigkeit. So kön-nen Sie sich an Ihren Freunden, Kollegen, Nachbarn oder Ihrem Lebenspartner für das erlittene Unrecht rächen – und brauchen nicht einmal ein schlechtes Gewissen zu haben, schließlich hat der andere ja angefangen. Aber auch das hilft Ihnen nicht weiter. Denn solange Sie Verbindung zum Täter halten – und sei es über Racheaktionen –, haben Sie mit der Sache nicht abgeschlossen. Ihr Denken und Fühlen kreist fortwährend darum. Das bindet Ihre Energie und blockiert Sie. Jemandem etwas nachzu*tragen* ist mühsam und belastend. Dem anderen etwas nachzu-*sehen* befreit und erleichtert.

Verzeihen – wie geht das?

Solange Sie sich mit einfachen Schuldzuweisungen nach dem Schema »Wer hat wem was angetan« begnügen und über Rache sinnen, kommen Sie nicht dazu, sich mit der Verletzung auseinander zu setzen – ein bequemer Schutzmechanismus. Denn die Beschäftigung damit bedeutet auch, Gefühle wie Schmerz und Trauer zuzulassen und auszuhalten. Nur wenn Sie diese negativen und unangenehmen Gefühle durchleben und verarbeiten, kommen Sie am Ende darüber hinweg und können das loslassen, was Sie gekränkt hat. Dass sich Ihr Schweinehund gegen diesen Prozess sträubt, ist verständlich – schließlich müssen Sie quasi gegen den Strom Ihrer eigenen Emotionen anschwimmen. Die vier Schritte im Kasten rechts helfen Ihnen bei dieser Aufgabe.

VERZEIHEN IN VIER SCHRITTEN

❶ Gehen Sie innerlich auf Abstand.

Dabei kann es hilfreich sein, auch äußerlich Distanz zu gewinnen: Vielleicht machen Sie eine Weile »einen Bogen« um Ihren Kollegen oder Ihren Nachbarn, dem Sie böse sind. Oder Sie verlassen einfach das Zimmer und atmen erst mal durch. Sind Sie wütend? Lassen Sie das Gefühl zu. Nutzen Sie es, um auf Abstand zu gehen. Versuchen Sie, nicht im ersten Zorn loszupoltern. Warten Sie lieber ab, bis sich der Adrenalinspiegel gesenkt hat und Sie wieder souverän handeln können.

❷ Lassen Sie die »böse Tat« beim anderen.

Ziehen Sie innerlich eine Trennscheibe hoch. Auf Ihrer Seite sind Ihre Gefühle: Ihr Schmerz, Ihre Kränkung, Ihre Enttäuschung. Auf der anderen Seite ist das, was Ihr Gegenüber getan hat. Was er fühlt, ist ganz alleine seine Sache. Er muss mit seiner Handlung selbst fertig werden. Sie haben nichts damit zu tun. Konzentrieren Sie sich ganz auf sich selbst.

❸ Verarbeiten Sie Ihren Schmerz.

Das ist der schwierigste Schritt: die negativen Gefühle zuzulassen. Dennoch, drücken Sie diese Gefühle nicht weg. Gehen Sie bewusst durch diese Phase. Zuerst sind Sie vielleicht sehr wütend. Sie sinnen auf Rache. Wenn die Wut abklingt, werden Sie möglicherweise sehr traurig. Keine Angst, die Trauer wird Sie nicht wegspülen. Sie ist ein wichtiges Gefühl, nehmen Sie sich Zeit dafür. Denn erst wenn Sie diese Phasen durchschritten haben, können Sie Ihre innere Souveränität wieder erlangen und – im nächsten Schritt – der Frage nachgehen, ob Sie vergeben können. Erst wenn Sie Ihren Schmerz durchlebt, erforscht und verarbeitet haben, können Sie das kränkende Ereignis und seinen Verursacher loslassen. Wenn Sie das Gefühl haben, Sie möchten diesen Schritt nicht alleine gehen, dann holen Sie sich Hilfe. Ein professioneller Coach oder Therapeut kann Sie dabei oft besser unterstützen als eine gute Freundin. Informieren Sie sich: Oft reichen schon wenige Beratungsstunden aus, und Sie fühlen sich wesentlich besser.

❹ Versuchen Sie, auch die andere Seite zu verstehen.

Nun können Sie versuchen, sich in den anderen zu versetzen: Warum hat er so gehandelt? Welche äußeren Umstände können eine Rolle gespielt haben? Welche inneren Beweggründe mag er gehabt haben? Wenn Sie die andere Person rational und gefühlsmäßig verstehen, ist das Vergeben oft gar nicht mehr so schwer. Mehr noch: Sie fühlen sich dann womöglich gar nicht mehr in der Lage, *nicht* zu verzeihen.

Entschuldigung!

Fällt es Ihnen schwer, sich zu entschuldigen? Das geht vielen Menschen so. Denn der innere Schweinehund hat eine »tierische« Angst vor Gesichtsverlust. Der Satz »Entschuldigung. Es tut mir leid!« gehört nicht zu seinen Lieblingssprüchen. Lieber lässt er Sie mit Gewissensbissen herumlaufen und nimmt schlaflose Nächte in Kauf. Nehmen Sie Ihren Schweinehund an die Hand, und bringen Sie die Sache in Ordnung. So werfen Sie Seelenballast ab.

Zeigen Sie Größe

Es ist nicht leicht, sich die Schuld für eigenes Fehlverhalten einzugestehen. Ihr innerer Schweinehund ist strikt dagegen. Er sucht die Schuld lieber im Umfeld: in den äußeren Umständen, in anderen Personen, vielleicht in der Vergangenheit. Schuld zu erkennen und zuzugeben ist für Ihren kleinen Begleiter gleichbedeutend mit absoluter Blamage, Schande oder Niederlage. Tatsächlich aber ist es ein Ausdruck persönlicher Reife, wenn Sie sagen können: »Es war meine Schuld. Entschuldigung.«

Eigene Schuld bereinigen

Wenn Sie jemand anderem etwas Unrechtes getan haben – sei es mit oder ohne Absicht –, ist es wichtig, dass Sie die Sache tatsächlich bereinigen. Sonst schleppen Sie all diese Pannen als Seelenballast mit sich herum. Wenn Sie einen materiellen Schaden angerichtet haben, dann können Sie ihn wieder gutmachen, indem Sie schlicht und ergreifend zahlen. Wenn Sie auf menschlicher Ebene Porzellan zerschlagen haben, sprechen Sie mit denjenigen, denen Sie geschadet haben. Und zwar so offen, ehrlich und ausführlich, bis Sie sich tatsächlich ent-schuldet fühlen. Wenn Sie für den entstandenen Schaden nicht direkt selbst verantwortlich sind (Sie standen im Stau, Sie wurden krank oder jemand hat Ihr Verhalten missverstanden) oder wenn Sie sich mit der Entschuldigung schwer tun, können Sie auch sagen: »Es tut mir leid.« Der Vorteil: Sie nehmen mit dieser Formulierung keine Schuld auf sich, für Ihr Gegenüber hat sie psychologisch aber beinahe die gleiche Wirkung.

Verstimmungen klären

Jedem passiert das einmal: Im Eifer des Gesprächs sagen Sie etwas, womit Sie Ihrem Gegenüber »auf den Schlips treten«. Es folgt peinliche Stille, das Thema wird gewechselt. Damit ist die Sache aber nicht aus der Welt! Immer wenn Sie diese Person wiedersehen, fühlen Sie sich unbehaglich. Sie wollen »Gras über die Sache wachsen lassen« – aber das funktioniert nicht.

Geben Sie sich einen Ruck: Gehen Sie auf die Person zu. Sie müssen gar keine große Rechtfertigung oder Erklärung vortragen. Es reicht, wenn Sie sagen: »Ich glaube, ich bin Ihnen auf den Schlips getreten. Das tut mir leid.« Schauen Sie Ihrem Gegenüber offen in die Augen. Geben Sie ihm Zeit, zu reagieren. Sie werden erstaunt sein: Oft ist die Person richtig erleichtert darüber, dass Sie die Sache ansprechen. Vielleicht gibt Sie Ihnen sogar Recht: »Ja, Sie haben mich getroffen mit dem, was Sie da gesagt haben. Wahrscheinlich, weil Ihre Einschätzung zutrifft!«

Verantwortung übernehmen

Wer sich entschuldigt, übernimmt die Verantwortung für sein Handeln. Das erfordert Mut, denn es geht darum, »Ja« zu sagen zu der eigenen Fehlhandlung. Und damit auch zur Motivation, die dahinter steckt. Das können Rachegelüste sein, mangelnder Respekt gegenüber einer anderen Person, Neid, Hass, Eifersucht – allesamt negative Emotionen. Der innere Schweinehund liebt es geradezu, in diesen Gefühlen zu schwelgen. Weil er aber weiß, dass Sie diese Gefühle ablehnen würden, verschleiert er sie. Er versteckt sie hinter äußeren Umständen (Stress, Stau auf der Autobahn oder einfach schlechtes Wetter) oder rationalen Konstruktionen (etwa um der Gerechtigkeit willen).

Wenn Sie offen zu Ihren Gefühlen stehen – auch wenn Sie diese selbst für »böse« halten –, übernehmen Sie Verantwortung dafür. Damit übernehmen Sie zugleich die Regie: Sie gehen mit Ihren Emotionen um und nicht umgekehrt.

Schluss mit Streiten und Beschweren

Manche Menschen können sich ein Leben ohne Streit gar nicht vorstellen. Sie brauchen die täglichen Auseinandersetzungen mit Ihrem Partner, Ihren Kindern, den Nachbarn oder Kollegen wie die Luft zum Leben. Beim Streiten fühlen sie sich vielleicht voller Energie – und zu ähnlicher Hochform laufen sie auf, wenn sie sich über etwas beschweren können. Aber beides kostet auch viel Kraft und hinterlässt Spuren in ihrer Seele und im Gemüt der anderen.

Streiten kostet Kraft

Auseinandersetzungen kosten wertvolle Lebens- und Seelenenergie. Ganz gleich, ob Sie einen Streit vor Gericht austragen oder zum Beispiel im familiären Bereich. Und ganz gleich, ob Sie nach außen als strahlender Gewinner hervorgehen oder nicht. Solange der Streit andauert, schleppen Sie ihn als seelischen Ballast mit sich herum. Sie denken immer und immer wieder darüber nach, er raubt Ihnen vielleicht sogar den Schlaf und schadet oft Ihrer Gesundheit.

In manchen Konflikten lässt sich eine Auseinandersetzung vor Gericht nicht vermeiden. Oft ist es jedoch möglich, sich außerhalb des Gerichtssaals gütlich zu einigen. In den meisten Fällen bedeutet das, dass sowohl Sie als auch Ihr Gegner von Ihrer Position abrücken und einen Schritt aufeinander zugehen. Fragen Sie sich, ob Ihr Seelenfrieden nicht viel wichtiger ist, als jede Forderung durchzusetzen. Das gilt natürlich auch für Ihr Privatleben: Im Zweifelsfall ist es sogar besser, wenn Sie ein wenig mehr nachgeben, als es Ihr Gerechtigkeitsgefühl vielleicht wünschen würde. Sie tun das nicht aus Schwäche, sondern damit Sie Ihren inneren Frieden zurückbekommen und sich endlich wieder produktiveren Gedanken zuwenden können.

Beschwerde-frei leben

Montagmorgen, 7.30 Uhr – vor zwei Wochen haben Sie Ihren Wagen zur Inspektion in der Werkstatt angemeldet. Und nun stehen Sie seit einer halben Stunde herum, nichts bewegt sich, und eigentlich müssten Sie schon längst Ihre Kinder zur Schule gebracht haben. Eine Sternstunde für Ihren Schweinehund! Überzeugt davon, uneingeschränkt im Recht zu sein, rät er Ihnen, Ihrem Unmut durch eine saftige Beschwerdesalve Luft zu machen – am besten gleich beim Geschäftsführer. Selbstverständlich flüstert er Ihnen die »richtigen« Formulierungen ein – noch mal 20 Minuten später sind Sie dann nicht nur Ihre Beschwerde los, sondern auch Ihre Werkstatt.

Lieber lächeln als klagen

In vielen Situationen haben Sie die Wahl, eine Schimpftirade loszulassen oder die Sache mit Humor zu nehmen. Etwa wenn Sie in einem überfüllten Supermarkt mit Ihrem Einkaufswagen in eine Art Massenkarambolage geraten. »Passen Sie doch auf«, können Sie sich jetzt empören. Und darauf gefasst sein, dass Ihr Gegenüber hart kontert, und schon ist Ihr Adrenalinspiegel am oberen Anschlag. Sie können es aber auch leicht nehmen: Lächeln Sie Ihr Gegenüber doch fröhlich an, vielleicht mit einem netten Spruch: »Warum haben Einkaufswagen nur keine Stoßstangen?« Keinesfalls sollen Sie nun dazu übergehen, alle Widrigkeiten des Lebens klaglos hinzunehmen. Da würde Ihr Schweinehund zu Recht sehr schnell rebellieren. Schärfen Sie aber Ihre Sinne und machen Sie sich bewusst, dass es allein Ihre Perspektive ist, die eine Panne zu einem ärgerlichen Zwischenfall macht, über den Sie sich besserwisserisch beschweren, beklagen und empören müssen. Oder ob Sie die Sache als humorvolle Einlage betrachten, über die Sie sich amüsieren können und bei der Sie freundlich die Initiative zu einer Lösung ergreifen – indem Sie zum Beispiel eine Verkäuferin bitten, eine weitere Kasse zu öffnen. Streiten macht Ihrem Schweinehund enorm viel Spaß. Am liebsten hätte er es, wenn Sie richtig laut poltern oder sogar Porzellan an die Wand werfen! Viel Vergnügen hat er auch bei Diskussionen darüber, wer Recht hat. Sein Mensch hat seiner Meinung nach immer Recht! So einfach ist das. Hat er Sie damit bisher auf seine Seite gezogen? Gehen Sie ihm nicht länger in die Falle und geben Sie hin und wieder ein wenig nach. Sie werden merken, Sie fühlen sich gleich viel entspannter.

Interview

EINIGUNG IST MÖGLICH!

Anita von Hertel ist eingetragene Mediatorin, die mit ihrem Team Mediationsfälle aller Branchen löst. Die »Pionierin der internationalen Wirtschaftsmediation« (DIE ZEIT) bildet Mediatoren aus (www.vonHertel.de). Sie ist Dozentin für Mediation an Universitäten und Instituten im In- und Ausland.

Was bedeutet Mediation?

Mediation ist ein strukturiertes Verfahren, mit dem Menschen erfolgreich Konflikte lösen. Ein neutraler Dritter wirkt dabei als Vermittler. Mediation ist mittlerweile in vielen Ländern als anerkannte Alternative und Ergänzung zu Gerichtsverfahren gesetzlich verankert. Das Ziel ist die »Win-Win-Lösung«, also eine, bei der alle gewinnen.

Was bringt eine Mediation?

Sie sorgt dafür, dass Konflikte nicht unnötig eskalieren, sondern im besten Sinne »aufgeräumt« werden. Missverständnisse können in Mediationen entdeckt und aufgeklärt werden. Bekanntlich verschärfen sich ungelöste Streitigkeiten oft unnötig. Wenn dann noch Gerichtsverfahren hinzukommen, können diese Konflikte sehr viel Zeit, Geld und Nerven kosten. All dies vermeidet die Mediation, indem sie für Ergebnisse sorgt, die für alle Seiten tragfähig sind.

Wie gehen Sie vor, um für beide Parteien die beste Lösung zu erreichen?

Zunächst führen wir Vorgespräche. Weil alle Parteien gewinnen wollen und weil sie anfangs oft denken: »Win-Win? Unmöglich!«, klären wir hier die Chancen einer Mediation. Wenn der Graben zwischen ihnen nicht zu tief ist und für beide vorstellbar ist, dass auch die andere Seite gewinnen darf, folgt das strukturierte Gespräch. Hier entstehen mit Hilfe der Mediationsinterventionen neue Ideen statt fauler Kompromisse. Der letzte Schritt ist die Abschlussvereinbarung. In ihr wird fixiert, was gelten soll. 80 Prozent der Mediationen – so Statistiken in Europa – schließen mit diesem Schritt erfolgreich ab.

Wie findet man den richtigen Mediator?

Kompetente Mediatoren finden Sie über Empfehlungen oder über die Mediationsverbände. Im Internet gibt es eine Fülle von Mediatorenlisten. Für Deutschland, Österreich und die Schweiz gibt www.Mediation-DACH.com einen guten Überblick.

Wer trägt die Kosten und wie hoch sind sie?

Bei Konflikten in der Arbeitswelt trägt regelmäßig der Arbeitgeber die Kosten. In allen anderen Fällen werden sie gerecht geteilt. Üblich sind Stunden- oder Tagessätze. Die Kosten hängen also von der Komplexität des Falles ab. Einfache Fälle können mit Hilfe eines guten Mediators in wenigen Stunden gelöst sein. Aber auch komplexere Fälle schneiden – im Vergleich zu Gerichtsverfahren – insgesamt sehr kostengünstig ab. Ein telefonisches Vorgespräch ist meist gratis.

Beziehungen sichten

Vielleicht gibt es in Ihrem Leben Menschen, die immer dann anrufen, wenn Sie keine Zeit haben? Die dauernd etwas von Ihnen wollen, sich aber nie revanchieren? Wenn Sie mit diesen Leuten sprechen, fühlen Sie sich danach oft wie ausgelaugt. Und auf der anderen Seite gibt es echte Perlen, Menschen, mit denen Sie sich wohl fühlen, die Freude in Ihr Leben bringen. Hier lesen Sie, wie Sie Ihre Kontakte einer kritischen Durchsicht unterziehen können.

Wer zählt wirklich?

Kein Mensch lebt völlig allein. Jeder ist eingebunden in ein soziales Umfeld. Da ist zunächst die Familie. Wenn Sie in einer Beziehung leben: der Partner oder die Partnerin, vielleicht auch Kinder. Dazu kommen die eigenen Eltern und Geschwister und weitere Verwandte. Außerdem Ihre Freundinnen, Freunde, Bekannte, Nachbarn. Und schließlich diejenigen, die Sie aus beruflichen Zusammenhängen kennen. Oder mit denen Sie gemeinsam Sport treiben, Musik machen, sich politisch oder sozial engagieren.

Zählen Sie in einer ruhigen Minute, wie viele Menschen das sind. 20? 50? 100? 200? Vielleicht sind es sogar noch mehr. Schon aus statistischen Gründen befindet sich wahrscheinlich der eine oder andere »schwierige Kandidat« darunter. Leider lenken gerade diese sehr viel Aufmerksamkeit auf sich: Sie rufen ständig an, kommen mit ihren Problemen, sind aber selbst nur schwer zu erreichen, wenn man sie mal bräuchte.

Die Menschen dagegen, die Ihnen wirklich wichtig sind, verhalten sich möglicherweise ganz unauffällig. Und so kommt es, dass Sie tage- oder wochenlang nichts voneinander hören. Wie viele Menschen sind Ihnen sehr wichtig? Vielleicht sind es zwei, vielleicht fünf. So wenige?, denken Sie nun vielleicht. Für Ihr Lebensglück ist es nicht entscheidend, einen besonders großen Freundeskreis zu haben. Es kommt darauf an, mit wem Sie sich wirklich wohl fühlen. Und auf wen Sie sich im Zweifelsfall verlassen können.

Theoretisch könnten Sie den Kontakt zu allen Menschen einfach abbrechen, die Ihnen auf die Nerven und vielleicht auch auf den Geldbeutel fallen. Aber das ist oft nicht so einfach möglich: Mit schwierigen Personen in Ihrem Job (Ihr Chef?), in Ihrer Verwandtschaft (Ihre Schwiegermutter?) oder Umgebung (der Reihenhausnachbar?) müssen Sie sich oft arrangieren. Und meist finden Sie auch einen Weg.

»Schwierige Kandidaten«

Aber was ist mit den vielen Menschen, die Sie nicht sympathisch finden, die aber doch viel Platz in Ihrem Leben einnehmen, weil Sie beruflich oder familiär mit ihnen verbunden sind? Was ist mit den vielen Verabredungen, die Sie nur aus Pflichtgefühl wahrnehmen und nicht, weil es Ihnen Freude bereitet? Hier sitzen sie, die »schwierigen Kandidaten«, die eine ganze Menge Frust hervorrufen können.

Sie verbringen viel Zeit mit ihnen:

● Energieräuber berichten Ihnen jederzeit ausführlich aus ihrem ach so spannenden Leben – am Telefon, am Gartenzaun, im Büro. Sie sind durch nichts zu stoppen.

● Energieräuber spannen Sie immer wieder für Hilfsdienste ein. Gerne mit dem Hinweis: »Sie sind meine letzte Rettung!« Und gerne zu völlig unpassenden Uhrzeiten.

Sie breiten sich gerne aus:

● Überall lassen Energieräuber ihre Sachen stehen und liegen. »Es macht dir doch nichts aus, wenn ich meine Sammlung auf deinem Dachboden unterstelle? Du hast doch so viel Platz!«

● Wenn Sie die Wohnung mit einem Energieräuber teilen, wissen Sie: Er breitet sich kontinuierlich aus.

Und manchmal kosten sie auch richtig Geld:

● Energieräuber kommen gerne zum Essen, laden aber selbst ungern jemanden ein.

● Sie leihen sich Sachen aus, geben sie aber nicht zurück.

● Sie fahren mit Ihrem Auto und bringen es mit leerem Tank zurück.

So setzen Sie Grenzen:

Ohne klare Grenzen kommen Sie hier nicht weiter. Sie müssen dabei niemanden vor den Kopf stoßen, sollten es aber auch nicht an notwendiger Klarheit fehlen lassen.

Schützen Sie Ihre Zeit: Sagen Sie es klar und deutlich, wenn Sie nicht telefonieren wollen. Etwa so: »Pardon, ich habe jetzt keine Zeit für ein Gespräch.« Oder: »Ich habe nur zehn Minuten Zeit, mit dir zu sprechen.« Wird das ignoriert, wiederholen Sie den Satz, verabschieden Sie sich freund-

lich und legen notfalls nach Vorankündigung auf. Ähnlich gehen Sie im Büro vor oder bei einem zufälligen Treffen auf der Straße. Ein paar knappe unverbindliche Worte, dann verabschieden Sie sich. Bleiben Sie dabei immer freundlich. Werden Sie nicht laut.

Schützen Sie Ihren Raum: Definieren Sie gemeinsam klare Grenzen zu Hause oder im Büro. Wenn jemand mit seinem tatsächlichen oder seelischen Gerümpel unerwünscht in Ihren geschützten Raum eindringt, schieben Sie es freundlich, aber bestimmt zurück. Vielleicht können Sie gemeinsam einen passenderen Zeitpunkt finden. Sie dürfen dabei ruhig Unordnung produzieren – auf dem Territorium des Energieräubers, versteht sich.

Schützen Sie Ihr Geld: Sprechen Sie keine Einladung aus, wenn Sie es nicht wollen. Leihen Sie nicht aus falsch verstandenem Pflichtgefühl etwas aus, das Sie dann nie wiedersehen. Sie brauchen sich dafür nicht zu rechtfertigen. Verdeutlichen Sie sich auch, dass der schöne Satz »Du bist doch mein bester Freund – ohne dein Auto wäre ich jetzt aufgeschmissen« sehr

manipulative Züge trägt. Da winkt der Schweinehund Ihres Gegenübers ganz schön mit dem moralischen Zaunpfahl. Oft hilft es, bei den schwierigen Kandidaten eine Zeit lang innerlich auf Distanz zu gehen. Seien Sie weiterhin freundlich, aber beschränken Sie die Kommunikation auf das sachlich Notwendige. Wenn Sie sich dauerhaft ausgenutzt fühlen, dann brechen Sie den Kontakt ab. Sie haben zwei Möglichkeiten: Entweder, Sie sagen dies Ihrem Gegenüber offen. Das ist hart und erfordert Mut. Manchmal ist es nervenschonender, den Kontakt gezielt »einschlafen« zu lassen. Gehen Sie nicht ans Telefon, rufen Sie nicht zurück, beantworten Sie keine Mails und keine Post mehr.

Schwarzseher und Charmeure

Zwei spezielle Arten von Schweinehunden können deren Herrchen und Frauchen zu schwierigen Zeitgenossen machen.

Da sind zum einen die berufsmäßigen Schwarzseher oder Pessimisten. Haben Sie schon mal versucht, jemanden von einer guten Idee zu überzeugen, dessen Schweinehund durch und durch negativ eingestellt ist? Die Schweinehunde solcher Menschen sind Meister der Sabotage – und sie finden in Ihrem Schweinehund begeisterte Verbündete. Ganz egal, ob Sie eine schwierige Prüfung absolvieren, ein Geschäft aufbauen oder einfach einen Kuchen backen wollen, es wird Ihnen eingeflüstert: »Das kannst du doch gar nicht«,

»Das hat keinen Sinn«, »Riskier besser nichts« und etwas subtiler: »Na, wenn du dir das leisten kannst!« Manches spricht dafür, Kontakte zu diesen Menschen kritisch zu überprüfen. Denn sie mindern nicht nur Ihren Mut, neue Vorhaben anzugehen, sondern beeinträchtigen mit ihrem notorisch »schlechten Gefühl« auch Ihre Zuversicht – und bestärken so Ihren eigenen Schweinehund in seinen Zweifeln und seiner Angst vor Veränderung.

Suchen Sie stattdessen gezielt nach Menschen, die Sie unterstützen, die gleiche oder ähnliche Ziele wie Sie verfolgen – dies wirkt sehr motivierend. Kritik wird Ihnen vielleicht auch hier begegnen; aber im Unterschied zu den Kommentaren pessimistischer Menschen handelt es sich dabei um konstruktive Hinweise, die Ihnen weiterhelfen können.

Aber Achtung, auch wenn es hilfreich sein kann, den Blick auf – angeblich – Bessere zu richten: Bei solchen Vergleichen gewinnt der Schweinehund sehr schnell die Oberhand und hat es leicht, mit seinem Satz »So was schaffst du doch gar nicht« Gehör zu finden. Nicht weniger problematisch als die Schwarzseher sind die Charmeure unter den Schweinehunden – und damit sind jetzt nicht die Kavaliere alter Schule gemeint. Nein, es handelt sich um die Spezies, die ihre Herrchen viele Komplimente machen lässt zu Ihren guten Ideen, Ihren Kochkünsten, Ihrer Intelligenz und Ihrem Aussehen. Sie fühlen sich geschmeichelt – und Ihr Schweinehund auch!

Aber der Charmeur vernebelt Ihnen die Sicht. Denn das, was er sagt, ist nicht immer ehrlich gemeint – der Eigennutz steht oft an erster Stelle, sei es, um Ihre Freundschaft, Ihre Zeit oder sogar Ihr Geld zu erlangen oder um beruflich einen Vorsprung herauszuholen. Auch hier ist es notwendig, klare Grenzen zu setzen: Machen Sie sich innerlich nicht zu sehr vom Lob anderer abhängig. Natürlich freuen wir uns alle über Anerkennung. Aber Sie sind nicht auf der Welt, um so zu sein, wie andere Sie haben wollen – und genau diese subtile Art der Manipulation verfolgt der Charmeur oft. Was gut für Sie ist, wissen letztlich nur Sie ganz allein. Nur Sie allein bestimmen, was Sie denken und wie Sie handeln wollen.

Lehrmeister

Nein, damit sind keine religiösen Führer oder Gurus gemeint. Es geht um Menschen, die Kritik an Ihnen üben – allerdings in konstruktiver Form. Das kann Ihr Schweinehund schwer ertragen. Denn instinktiv ahnt er, dass an der Kritik was dran sein könnte, dass sie einen wunden Punkt trifft und sich möglicherweise etwas ändern sollte. Wenn Sie es dennoch schaffen, die Kritik anzunehmen und umzusetzen, können Sie daraus für sich persönlich möglicherweise einen großen Gewinn ziehen. Manchmal finden Sie solche »Lehrmeister« in Ihrem Job: Das kann Ihr Chef sein oder auch eine Kollegin. Es kann Ihre Yoga-Lehrerin sein, Ihre Nachbarin oder

VERÄNDERUNG IST MÖGLICH!

Carsten Hennig ist Berater in Frankfurt am Main (www.carsten-hennig.com). Er begleitet Veränderungsprozesse.

Wie ist es möglich, sein soziales Umfeld aktiv zu verändern?

Durch eigene Veränderung. Wenn Sie sich verändern, kann Ihr Gegenüber nicht so bleiben, wie es ist. Menschen, mit denen Sie keinen Kontakt mehr haben möchten, sagen dann möglicherweise von sich aus: »Du hast dich so verändert, dass du nicht mehr zu mir passt.« Andererseits werden Sie für Menschen interessant, zu denen Sie zuvor keinen »Draht« hatten.

Im privaten Umfeld kann man sich seine Kontakte aussuchen, im Beruf nicht. Ist es trotzdem möglich, hier »Ordnung« zu schaffen?

Ja. Wenn Sie sich verändern, reagiert das Umfeld. Sie bekommen zwar keine neuen Kollegen, aber der Umgang ändert sich.

Wie kann man sich selbst ändern?

Sie müssen es wirklich wollen. Erst dann können Sie konsequent sein und zum Beispiel zu einer Freundin sagen: »Ich möchte nicht über dieses Thema sprechen.« Wenn Sie nicht konsequent sein können, gibt es in Ihrem »alten« Verhalten wahrscheinlich noch einen Nutzen für Sie. Dieser kann darin bestehen, eine tief sitzende Angst nicht konfrontieren zu müssen.

Wie komme ich von einem Kontakt los, der mir nicht gut tut?

Überlegen Sie sich: Warum habe ich den Kontakt ursprünglich gewollt? Wenn Sie das wissen, können Sie das, was Sie in dieser Beziehung gesucht haben, auch woanders finden. Oder Sie finden heraus, dass es keinen Nutzen mehr gibt. Dann ist die Beziehung nur eine schlechte Angewohnheit.

Wie hält man eigentlich sein soziales Umfeld in Ordnung?

Regelmäßig ausmisten! Prüfen Sie immer wieder die Veränderungen, die Ihnen gelungen sind. Auch wenn Verbesserungen eintreten, nutzen sie sich ab. Bleiben Sie dran. Üben Sie Ihr neues Verhalten. Oft ist es sinnvoll, sich in der Zeit der Veränderung von einem Berater unterstützen zu lassen. Wenn es um die Verbesserung des sozialen Umfelds geht, bietet sich etwa eine »systemisch-lösungsorientierte« Beratung an.

Was ist das Besondere daran?

Die systemisch-lösungsorientierte Beratung greift schnell, weil sie sich auf Erreichen eines Ziels fokussiert, anstatt sich intensiv mit einem vermeintlichen Problem zu befassen. Damit ist sie effizient und erschwinglich. Der Beratungsansatz geht davon aus, dass die sozialen Systeme, in die ein Mensch eingebunden ist, seine Identität, sein Verhalten und sein Gefühlsleben beeinflussen. Soziale Systeme sind beispielsweise die Familie, der Freundeskreis oder die Kollegen. Stellen Sie sich diese Systeme vor wie Netze, die miteinander verbunden sind. Wenn Sie Ihre Position verändern, gerät alles in Bewegung.

ein entfernter Bekannter. Oft braucht es nicht einmal engen Kontakt zu diesen Personen. Und trotzdem – oder gerade deshalb – »sitzt« es, wenn sie Ihnen etwas sagen. Sie haben einen ungetrübten Blick auf Menschen und Dinge und sind deshalb in der Lage, Sie realistisch einzuschätzen. Und sie verfolgen kein Eigeninteresse mit ihrer Kritik.

Lehrmeister fördern andere Menschen. Ihre konstruktive Kritik gibt Ihnen eine Chance zum Wachsen. Ein Lehrmeister bildet sich eine eigene Meinung und redet Ihnen nie »nach dem Mund«. Er sagt Ihnen offen, wenn er findet, Sie seien auf dem Holzweg.

Seien Sie offen. Sorgen Sie für regelmäßigen Kontakt. Ist Ihnen dieser Mensch nicht wirklich sympathisch, reichen kurze Treffen – etwa auf einen Espresso – aus.

Echte Freunde

Einige wenige Menschen sind echte Schätze für Sie: Das sind Menschen, die Sie mögen und denen Ihr persönliches Lebensglück am Herzen liegt. Das sind Ihre echten Freunde. Pflegen Sie diese Freundschaften!

Diese Menschen können gut zuhören und speisen Sie nicht mit Floskeln ab, sondern versuchen, Sie wirklich zu verstehen. Im Gespräch mit Ihnen sind sie offen und ehrlich. Sie melden sich auch mal von sich aus, nur um zu fragen: »Wie geht es dir?«

Freunde machen Ihnen Mut, wenn Sie etwas Schwieriges vorhaben oder unsicher sind. Sie stehen Ihnen zur Seite, wenn »Not am Mann« ist, und bieten ihre Hilfe an. Und echte Freunde freuen sich mit Ihnen über Ihren Erfolg, ohne jeden Anflug von Neid oder Eifersucht. Echte Freunde muss man nicht regelmäßig sehen, um sich prima zu verstehen. Vereinbaren Sie dennoch einen festen Rhythmus für Ihren Kontakt. Vielleicht treffen Sie sich jede Woche oder jeden Monat einmal? Oder Sie telefonieren in bestimmten Abständen? Zeigen Sie Ihren Freunden so oft wie möglich, wie viel sie Ihnen bedeuten. Rufen Sie zwischendurch spontan an, wenn Ihnen danach ist. Versorgen Sie sie mit Informationen zu ihren Lieblingsthemen, etwa Terminen für Konzerte und Ausstellungen. Wenn Sie unterwegs etwas sehen, das einem Ihrer Freunde gut gefallen würde: Kaufen Sie es nach Möglichkeit und schenken Sie es ihm, einfach so.

Ihr Gegenüber als Spiegel

Haben Sie viele Menschen in Ihrem Umfeld, die Ihnen unsympathisch sind? Dann mögen Sie sich vielleicht selbst nicht so richtig. Andere Menschen sind Ihr Spiegel. Sie sehen sich selbst darin. Nutzen Sie diesen Umstand, um Ihre eigenen »Macken« zu erkennen, zu akzeptieren oder daran zu arbeiten. Je mehr Sie mit sich selbst ins Reine kommen, desto positiver werden Sie die anderen in Ihrem Umfeld empfinden. Wahrscheinlich ziehen Sie dann sogar wie ein Magnet positiv eingestellte Menschen an.

SECHS-TYPEN-TEST

Nehmen Sie sich Zeit, um Ihr soziales Umfeld zu analysieren. Gehen Sie im Geiste alle Ihre Freunde und Bekannten durch und notieren Sie deren Namen in den entsprechenden Rubriken.

A Menschen, ...

1. die ich mag und die mir nützen

....
....
....

2. die ich mag und die sich neutral verhalten

....
....
....
....

3. die ich mag, die mir aber schaden

....
....
....

B Menschen, ...

4. die ich *nicht* mag und die mir doch nützen

....
....
....

5. die ich *nicht* mag, die sich aber neutral verhalten

....
....
....

6. die ich *nicht* mag und die mir schaden

....
....
....

Was tun?

zu 1.: Pflegen Sie den Kontakt zu allen Menschen, die Sie mögen und die Ihnen nützen. Bauen Sie den Kontakt aus, reaktivieren Sie »eingeschlafene« Freundschaften.

zu 2.: Reduzieren Sie gegebenenfalls den Kontakt zu den Menschen, die Sie mögen, die sich aber Ihnen gegenüber neutral verhalten. Das gilt vor allem, wenn Sie einen sehr großen Bekanntenkreis haben.

zu 3.: Reduzieren Sie den Kontakt zu Menschen, die Sie zwar mögen, die Ihnen aber schaden. Wägen Sie ab, ob Sie den Kontakt beenden wollen.

zu 4.: Halten Sie den Kontakt aus zu Menschen, die Sie zwar nicht so gerne mögen, die Ihnen aber nützen. Sie können sich unter deren Einfluss persönlich weiterentwickeln.

zu 5.: Beenden Sie den Kontakt zu Menschen, die Ihnen nicht sympathisch sind, auch wenn sie sich Ihnen gegenüber neutral verhalten. Es ist schade um jede Minute, die Sie mit ihnen verbringen.

zu 6.: Beenden Sie den Kontakt zu allen Menschen, die Ihnen unsympathisch sind und die Ihnen auch noch schaden. Hängen Sie mental ein großes Schild auf: »Wir müssen leider draußen bleiben«.

Gewohnheiten ausmisten

Nicht nur das tatsächlich fassbare Gerümpel kostet Zeit. Auch der Alltag ist oft von Aktivitäten geprägt, die nur aus Gewohnheit getan werden: Fernsehen zum Beispiel. Vielleicht machen Sie sich auch häufig Sorgen? Oder verbringen Sie eine Unmenge Zeit damit, Ihren Haushalt in Schwung zu halten? Auch das können solche Angewohnheiten sein, die Ihnen Energie abziehen. Hier erfahren Sie, wie Sie sich am besten davon frei machen.

Ihr Medienkonsum

Sie wissen es selbst: Jeden Tag verbringen Sie geraume Zeit unproduktiv vor dem Fernseher oder lassen das Radio laufen und hören gar nicht richtig hin. Das ist gut so. Tatsächlich! Ihr Schweinehund sorgt für diese kleinen Fluchten aus dem Alltag. Er bringt Sie dazu, dass Sie sich ein wenig zerstreuen. Er möchte, dass Sie über aktuelle Diskussionen und Trends Bescheid wissen, damit Sie sich darüber unterhalten können. Richtig dosiert kann Medienkonsum geistig anregend und

körperlich entspannend sein. Leider ist der Schweinehund kein guter Ratgeber für das richtige Maß. Und so kommt es, dass Sie sich nach Stunden vor der »Glotze« vom Sofa wälzen und sich wie gerädert fühlen. Oder dass Sie sich eine halbe Nacht mit einem Computerspiel um die Ohren schlagen und dann wie betäubt ins Bett fallen.

Eine pauschale »Medien-Verdammung« bringt aber nichts. Das ist so, als würden Sie sich vornehmen, nie mehr Schokolade zu essen. Nutzen Sie die Medien – und lassen Sie sich nicht von ihnen benutzen.

Fernsehen, DVD und Video

Die Mehrzahl der Fernsehsendungen und Filme kennen Sie schon. Denn die Produktionsfirmen gehen immer wieder nach dem gleichen Strickmuster vor – das sichert Einschaltquoten und Werbeeinnahmen. Deshalb kann fernsehen so entspannend sein – allzu viel Nach- und Mitdenken ist nicht erforderlich. Der Nachteil: Wenn Sie sich »berieseln« lassen, schlagen Sie erstens die Zeit tot und zweitens Ihre Kreativität. Denn die Bilder besetzen Ihre Gedanken, und die Zeit vor der Mattscheibe fehlt Ihnen dann bei sinnvolleren Aktivitäten. Zeit, die Sie zum Beispiel für Gespräche mit Ihren Kindern nutzen könnten. Oder Zeit, um einfach mal nichts zu tun. Wenn bei Ihnen permanent der Fernseher läuft, kann es sein, dass Sie sich »ohne« verloren und unwohl fühlen. Das vertraute Hintergrund-Rauschen ist plötzlich weg. Ihnen fällt vielleicht zunächst gar nicht ein, worüber Sie miteinander sprechen könnten. Versuchen Sie, die entstandene Leere durch Vorhaben zu füllen, die Sie schon »immer mal machen wollten« – vielleicht ein Konzert- oder Museumsbesuch, ein abendlicher Sommerspaziergang oder eine Einladung für nette Freunde.

Setzen Sie Grenzen:

- Versuchen Sie es zunächst mit einem fernsehfreien Abend pro Woche – dieses Pensum können Sie dann langsam steigern.
- Arbeiten Sie mit »Fernsehkontingenten« – wenn Sie sich zum Beispiel pro Woche acht Stunden »zuteilen«, müssen Sie die Sendungen sehr bewusst aussuchen. Die Nachrichtensendungen können Sie zunächst außerhalb dieses Kontingents laufen lassen.
- Probieren Sie aus, zeitversetzt zu fernsehen: In »Echtzeit« sehen Sie sich nur Nachrichten und Lifesendungen an – der Rest (also Spielfilme, Serien etc.) wird aufgezeichnet und erst später angesehen. Damit machen Sie sich zum einen unabhängig vom Diktat der Sendezeiten (und müssen Ihre Essenszeiten auch nicht mehr am Fernseher ausrichten), zum anderen werden Sic alles, was Sie dann tatsächlich ansehen, sehr viel bewusster auswählen.
- Auch eine räumliche Veränderung kann vorteilhaft sein: Lassen Sie den TV-Apparat nicht mehr im Zentrum stehen. Gruppieren Sie die gemütlichsten Sessel um einen Tisch.

Computerspiele

Wenn Sie Computerspiele lieben, kennen Sie den Effekt: Ein spannendes Spiel saugt Sie völlig auf! Sie sind in ständiger Spannung und Konzentration. Nach unzähligen Stunden vorm Bildschirm aber schmerzen Ihre Augen, Ihr Rücken, Ihre »Maushand« ist eiskalt und Ihr Gehirn wie leer gefegt. Die Endlos-Geräuschkulisse aus elektronischen Klängen und Stimmen klingt Ihnen noch stundenlang in den Ohren.

Setzen Sie Grenzen:

- Stellen Sie auf einem möglichst lauten Wecker die Uhrzeit ein, zu der Sie das Spiel beenden wollen. Stellen Sie den Wecker in ein anderes Zimmer, so dass Sie aufstehen müssen, um ihn abzuschalten. Vielleicht bauen Sie in einem weiteren Zimmer einen zweiten Wecker auf, der zehn Minuten später klingelt.
- Bitten Sie jemanden aus Ihrer Familie oder Wohngemeinschaft, Sie zu einer bestimmten Uhrzeit vom Computer loszueisen. Vereinbaren Sie, das derjenige keine Ausreden gelten lassen darf.
- Verabreden Sie mit Freunden, dass diese Sie zu einer bestimmten Uhrzeit zu Hause abholen. Unternehmen Sie dann etwas gemeinsam.
- Richten Sie einen festen »Daddel«-Abend im Monat ein, an dem Sie hemmungslos bis in die Nacht oder bis zum nächsten Morgen spielen dürfen.

Radio

Ist es Ihnen schon einmal passiert, dass Sie das Radio anstellen wollten und dann bemerkten: Es läuft ja schon längst? In solchen Momenten wird klar, welch ungeheure Leistung Ihr Gehirn vollbringt. Es blendet die Dauerberieselung durch Musik und Moderatoren-Sprüche einfach aus. Dazu braucht es allerdings Energie, und diese fehlt Ihnen dann bei anderen, zum Beispiel kreativen Tätigkeiten.

Wenn Sie das Radio permanent laufen lassen, übertönen Sie die Stille, in der gute Ideen entstehen könnten. Mit Dauer-Musik decken Sie Gefühle zu – auch unangenehme. Eigentlich wäre es wichtig, sie zu spüren. Wenn Sie nicht merken, wo Sie der Schuh drückt, können Sie auch nichts gegen die Druckstellen tun.

Setzen Sie Grenzen:

- Stellen Sie Ihr Radio für vier Wochen weg und prüfen Sie dann, in welchen Situationen Ihnen die Musik wirklich gefehlt hat.
- Bringen Sie eine Zeitschaltuhr an – manche Radios haben auch eine »Sleep-Funktion«, mit der Sie die Abschaltung programmieren können.
- Wenn es Ihnen ohne Radio zu ruhig ist, probieren Sie statt »Mainstream-Berieselung« klassische Musik (wenn sie Ihnen liegt) oder spezielle, konzentrationsfördernde Hintergrundmusik. Im Fachhandel gibt es eine Vielzahl von Titeln – probieren Sie es einfach aus, nur so können Sie herausfinden, ob auch etwas für Sie dabei ist.

Zeitungen und Zeitschriften

Wenn Sie nach einer halben Stunde Lektüre Ihre Zeitung oder Zeitschrift zuklappen und die Augen schließen: Welche Informationen haben Sie sich gemerkt? Was von dem, das Sie da gerade gelesen haben, könnten Sie einem Bekannten referieren?
Ein großer Teil der Nachrichten in Printmedien ist völlig unwichtig für Ihr Leben.

Klar: Es ist nicht uninteressant, wenn irgendwo in der Welt ein Königssohn heiratet oder ein Zug entgleist. Aber ist es für Sie persönlich wirklich so wichtig? Solche Nachrichten beleben Ihren Geist nicht, sondern legen sich wie Staub auf Ihre Gehirnwindungen. Wenn Sie eine typische Frauen-, Männer- oder Wohn-Zeitschrift gelesen haben, meinen Sie vielleicht, Sie müssten jetzt unbedingt etwas einkaufen. Ohne die neue Lippenstiftfarbe oder die schicke Gartenlampe können Sie ab sofort nicht mehr glücklich sein.

Setzen Sie Grenzen:

- Bestellen Sie Ihre Tageszeitung oder das Zeitschriften-Abo für vier Wochen ab. Ein Anruf beim Verlag genügt. Testen Sie, ob Ihnen wirklich etwas fehlt.
- Setzen Sie sich in ein Café. Notieren Sie sich kurz auf einem Zettel, wie Ihre Stimmung ist (zum Beispiel: »Gut gelaunt. Zufrieden.«). Blättern Sie nun Ihre Lieblingszeitschriften durch. Wenn Sie fertig sind, schreiben Sie wieder auf, wie Sie sich fühlen. Steht auf Ihrem Zettel: »Ich muss dringend eine Diät machen. Ich sollte zum Friseur gehen.«? Vielleicht nehmen Sie das nächste Mal lieber einen Roman mit.

Sorgen eindämmen

Machen Sie sich oft Sorgen? Das ist das Ergebnis einer schlechten Angewohnheit Ihres Schweinehunds. Denn er hält Sorgen für eine vorbeugende Maßnahme gegen Unglück. Tatsächlich ändert sich in der Realität gar nichts – ob Sie sich Sorgen machen oder nicht, hat keinerlei Einfluss auf den Gang der Welt. Ihre Sorgen verderben Ihnen allerdings die Laune. Und oft verderben Sie damit auch noch anderen Menschen die Laune. Mehr noch: Sie nehmen Ihnen den Mut und die Zuversicht. Und das alles wegen einer schlechten Schweinehund-Gewohnheit.

Setzen Sie Grenzen:

Ein gutes Mittel gegen Sorgen ist die von Dale Carnegie erfundene »Sorgendose«. Nehmen Sie dafür einen verschließbaren Behälter mit einer Öffnung im Deckel (zum Beispiel eine Sparbüchse oder eine Pappschachtel; oder – noch einfacher – reservieren Sie eine Seite in Ihrem Zeitplaner). Wann immer Ihnen plötzlich ein zukünftiges Problem, über das Sie sich Sorgen machen, einfällt, schreiben Sie es mit ein paar Stichworten auf einen Zettel und werfen diesen in Ihre Sorgendose (oder machen eine Notiz in Ihrem Timer). Das bedeutet: Für den Augenblick ist das Problem erledigt – beschäftigen Sie sich jetzt nicht weiter damit. In regelmäßigen Abständen (einmal täglich oder wöchentlich) leeren Sie Ihre Sorgendose und befassen sich bewusst mit den

Problemen. Wahrscheinlich werden Sie feststellen, dass sich einige davon bereits erledigt haben – umso besser.

Der Vorteil dieser Methode: Sie verdrängen die Sorgen nicht einfach, sondern parken Sie ganz bewusst an einem anderen Ort – und haben damit im Moment wieder den Kopf frei für Ihre eigentliche Tätigkeit.

Gerede

Ihr Schweinehund liebt lange Ausführungen über Krankheiten und Unglücke, große Klagen über den Niedergang der Gesellschaft im Allgemeinen. Die Natur, die Jugend, der Sommer, die Politik, früher war alles besser. Sehr gerne hat er auch Klatsch und Tratsch. Eine halbe Stunde über die Macken der anderen herziehen – da fühlt er sich gleich viel besser. Tatsache ist: Tratsch hat eine ganz wichtige Funktion im Leben. Es schweißt die Menschen zusammen, wenn sie ein Geheimnis teilen, über Frau X oder Herrn Y geredet zu haben. Auch gemeinsames Klagen schafft ein Gefühl der Verbundenheit. Im Übermaß betrieben, raubt es Ihnen jedoch die Energie. Sie sehen die Welt durch eine graue Brille. Dabei kann das Leben so schön sein! Schade nur, dass die Schweinehunde sich über diese schönen Seiten überhaupt nicht unterhalten wollen.

Setzen Sie Grenzen:

● Begrenzen Sie die Redezeit für die »Katastrophen« auf 15 Minuten und wechseln Sie dann das Thema.

● Hilft das nicht, verabschieden Sie sich.
● Unter guten Freundinnen oder Freunden: Sprechen Sie die Sache offen an. »Ich habe den Eindruck, wir reden nur über Katastrophen. Lasst uns mal über was Schönes sprechen. Zum Beispiel …«

Krempel-Aktivitäten

Haben Sie nie Zeit für das, was Ihnen eigentlich wichtig ist? Stehen Sie immer wieder am Bügelbrett, anstatt endlich ein Buch zu lesen? Erledigen Sie im Büro immer wieder die Ablage, anstatt Ihr neues Projekt in Angriff zu nehmen? Verbringen Sie Stunden damit, anderen Menschen einen Gefallen zu tun? Dann haben Sie es mit Gewohnheiten zu tun, die auf den ersten Blick gar nicht aussehen wie »schlechte Gewohnheiten«. Doch gerade das ist das Tückische an ihnen, denn gerade sie stehlen Ihnen eine Menge Zeit.

So kommen Sie zeitraubenden Gewohnheiten auf die Schliche:

❶ Legen Sie eine Liste an mit Dingen, die Sie gerne tun würden, für die Sie aber keine Zeit finden: »mein Buch fertig lesen«, »in die Sauna gehen«, »am Fluss spazieren gehen«, »mit meiner besten Freundin Kaffee trinken« und so weiter.

❷ Schreiben Sie eine Woche lang jeden Tag alles auf, was Sie tun: bügeln, Papier hin und her schichten, Kaffee kochen, aufräumen, Blumen gießen – alles! Es ist gar nicht so einfach, das durchzuhalten. Am besten stecken Sie sich einen Zettel und einen kurzen Bleistift in die Hosentasche, um sich tagsüber Notizen machen zu können. Vielleicht stellen Sie sich stündlich einen Wecker und resümieren dann, wie Sie die letzten 60 Minuten verbracht haben.

3 Am Ende der Woche ziehen Sie Bilanz: Was haben Sie gemacht? Was davon tun Sie wirklich gerne? Was erledigen Sie nur aus Pflichtgefühl? Was ist wirklich wichtig? Was können Sie auslagern? Streichen Sie rigoros alles, was Sie nicht mehr tun möchten. Setzen Sie dafür Dinge von Ihrer ersten Liste ein.

Haushalt

Tatsächlich ist es von außen oft schlecht zu erkennen, warum ein Haushalt so unglaublich viel Zeit in Anspruch nehmen kann. Vieles davon tun Sie nur aus Gewohnheit und nur Ihrem Schweinehund zuliebe. Er vertritt häufig sehr konservative Ansichten, weil er hofft, dass Sie dafür Anerkennung bekommen, etwa von Ihrer Familie, Ihrer Nachbarin oder von anderen Müttern. Beispiel Kuchen: Ihr Schweinehund mag überzeugt sein, dass Sie Kuchen immer selbst backen müssen. Kuchen vom Bäcker oder aus der Kühltruhe des Supermarkts ist für ihn gleichbedeutend mit Ihrem Eingeständnis: »Ich bin eine schlechte Mutter!« Das klingt übertrieben – aber solche Schweinehunde gibt es zuhauf! Erklären Sie Ihrem Schweinehund, dass Ihr Wert als Mensch nicht vom Maß Ihrer Mühe im Haushalt abhängt. Befreien Sie sich aus dem Korsett der Hausarbeit – letztendlich findet es ja auch Ihr Schweinehund gut, wenn Sie es sich leicht machen.

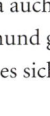

Kochen: Besorgen Sie sich Kochbücher zum Thema »Schnell und einfach kochen«. Hier hat der Kochbuch-Markt mittlerweile sehr viel zu bieten.

Backen: Wenn Sie es nicht wirklich gerne tun – lassen Sie es! Servieren Sie Backwaren vom Bäcker oder vom Supermarkt oder bitten Sie jemand anders, für Sie zu backen.

Basteln und Dekorieren: Auch hier gilt, tun Sie es nur, wenn es Ihnen wirklich Spaß macht. Ostern und Weihnachten kommen auch, wenn Sie keine entsprechend dekorierten Zweige aufstellen.

Wäsche: Stellen Sie nach Möglichkeit einen Wäschetrockner auf. Der kostet zwar viel Strom, spart aber auch viel Zeit. Bügeln Sie nur das Nötigste. Wenn Familienmitglieder auf gebügelten Jeans bestehen, sollten sie die Sache selbst erledigen. Bringen Sie Herrenhemden nach Möglichkeit zum Bügelservice. Bett- und Tischwäsche können Sie in eine Wäscherei geben.

Putzen: Verteilen Sie Aufgaben in Ihrer Familie oder Wohngemeinschaft. Wenn das nicht funktioniert, beauftragen Sie nach Möglichkeit eine Reinigungskraft.

Garten und Balkon: Wenn Sie keinen Spaß an Blumen und Pflanzen haben, verbringen Sie Ihre Zeit am besten anders. Vielleicht finden Sie auch jemanden, der Ihnen für ein kleines Honorar den Rasen mäht und das Unkraut jätet.

Freizeit-Stress

Sind Sie Mitglied im Fitness-Studio? Singen Sie im Chor? Gehen Sie in die Sauna? Sind Sie im Kleingarten-Verein? Und aktives Mitglied im Kegelklub? Organisieren Sie Bastelnachmittage? Es ist schon wichtig, dass Sie für einen Ausgleich in Ihrer Freizeit sorgen. Aber oft artet nicht nur der Beruf in Stress aus, auch für die Freizeitgestaltung wird ein ähnlich gefüllter Terminkalender angelegt. Das gilt vor allem dann, wenn Ihr Schweinehund sich davor fürchtet, etwas zu verpassen – oder besonders viel Anerkennung braucht.

Setzen Sie Grenzen:

- Planen Sie in Ihrer Freizeit extra einige Stunden dafür ein, nichts zu tun. Tragen Sie sich diese Zeit in Ihren Kalender ein.

- Schreiben Sie einen Monat lang auf, wie Sie sich vor und nach Ihrer Freizeitaktivität fühlen. »Chorprobe. Vorher: Müde, habe wenig Lust. Nachher: Total gut gelaunt. Hat Spaß gemacht.« Oder: »Kegeln. Vorher: Habe etwas Kopfweh, gehe aber trotzdem. Nachher: Jetzt habe ich Kopfschmerzen, meine Schulter tut mir auch weh, Horst hat mich total genervt …« Nach diesem Check wird es leichter sein, manche Freizeittermine zu streichen.

Gefälligkeiten

Sie nehmen das Kind Ihrer Nachbarin mit zur Musikstunde. Sie helfen Ihrem Bruder beim Umzug. Sie backen für den Schulbasar einen

Kuchen. Sie verteilen das Infoblatt Ihrer Pfarrei oder Ihrer Partei. Ihr Schweinehund trottet zufrieden neben Ihnen her. Schließlich ist er überzeugt: Wenn Sie anderen einen Gefallen tun, sind Sie beliebt. Leider stimmt das nicht ganz. Viele Menschen nutzen es einfach nur aus, wenn jemand etwas gerne für sie tut. Sie denken sich sogar: »Wieso macht der/die das eigentlich!?« Aber weil es so praktisch ist, nehmen sie Ihre Dienste immer wieder in Anspruch. Tun diese Leute Ihnen auch einmal einen Gefallen? Prima. Wenn nicht: Machen Sie einen Bogen um die »Gefall«-Falle!

Setzen Sie Grenzen:

- Installieren Sie eine innere Alarmglocke. Lassen Sie diese Alarmglocke immer klingeln, wenn Sie jemanden sagen hören: »Könntest du bitte…« Lassen Sie sich von den Zusätzen »kurz mal«, »eine Kleinigkeit«, »mal eben«, »nur heute«, »du kannst das doch so gut« oder »du bist meine letzte Rettung« nicht irritieren.
- Eine Stufe lauter lassen Sie Ihre Alarmglocke losschrillen, wenn Sie sich selbst sagen hören »Kein Problem, kann ich machen«.
- Fragen Sie sich jedes Mal, wenn Sie Ihre Alarmglocke schrillen hören, ob Sie dieser Bitte wirklich nachkommen wollen. Wenn nicht, sagen Sie innerlich: »Stopp! Nein! Ich will das nicht tun!« Und sagen Sie es dann laut und deutlich. Rechtfertigen Sie sich nicht für Ihre Entscheidung. Lassen Sie sich auch auf keine Diskussionen ein.

Geschenke

Verbringen Sie die komplette Adventszeit damit, Präsente für Ihre Familie und Ihre Freunde zu suchen? Liegen Sie nachts wach, weil Ihnen kein passendes Geschenk einfällt? Das ist auch so eine Gewohnheit, die Sie eine Menge Zeit, Energie und viel Geld kostet. Ihr Schweinehund hält Sie auf Trab, denn er ist überzeugt: »Wenn du kein schönes Geschenk findest, fühlt er/sie sich nicht geliebt von dir.« Machen Sie Schluss mit dem Geschenk-Stress. Sie haben nichts davon und die Beschenkten auch nicht. Sprechen Sie offen mit den Menschen, die auf Ihrer Liste stehen. Was wünschen sie sich wirklich? Manchmal ist es ganz einfach: Sie wünschen sich tatsächlich *nichts*. Nehmen Sie sie beim Wort. Gehen Sie dann einfach zusammen aus, machen Sie sich einen schönen Nachmittag oder Abend. Ihre Schweinehunde sind sicher mit Freude dabei.

Setzen Sie Grenzen:

- Fragen Sie offen nach den Wünschen der anderen. Erfüllen Sie diese einfach. Sie müssen nicht unbedingt noch eine »Super-Überraschung« dazutun.
- Oft können Sie vereinbaren, dass Sie sich gegenseitig nichts mehr schenken. Damit sparen alle Zeit, Nerven und Geld.
- Sie können das Hantieren mit Geschenkpapier und den Gang zur Post vermeiden, wenn Sie das Geschenk bei einem Internetversender ordern und direkt an die passende Adresse schicken lassen.

IHR PERSÖNLICHER GEWOHNHEITEN-CHECK

Angewohnheiten können Sie einengen. Mit diesem Test erfahren Sie, was für ein Gewohnheiten-Typ Sie sind. Kreuzen Sie die Aussagen an, in denen Sie sich am besten wiedererkennen.

1. IHR MEDIENKONSUM

Wie nutzen Sie Ihren Fernsehapparat?
- Wenn ich gerade Lust habe, greife ich zur Fernbedienung und »zappe«. C
- Meine täglichen Serien verpasse ich ungern. Die Figuren in diesen »Soaps« gehören fast schon zu meiner Familie. .... D
- Ich verbringe viel Zeit damit, im Programmheft Sendungen auszuwählen. .... A
- Ich habe einige Lieblingssendungen, die ich regelmäßig anschaue. .... B

Welche Lesegewohnheiten haben Sie?
- In Tageszeitungen, Sach- und Fachbüchern lese ich gezielt alles, was wichtig für mich ist. .... A
- Ich bin viel zu ungeduldig zum Lesen. C
- Ich lese stundenlang dicke Liebesromane oder spannende Krimis. .... D
- Ich lese ganz systematisch: Alles zu einem Thema oder alles von einem bestimmten Autor. .... B

Hören Sie regelmäßig Musik?
- Manchmal, am liebsten solche, die im Hintergrund laufen kann und mich beruhigt. .... B
- Ich nehme mir selten die Zeit dazu. .... A
- Musik ist ganz wichtig für mich. Ich bin ständig auf der Suche nach Neuem. C
- Ich höre regelmäßig Musik, die mich an schöne Erlebnisse erinnert. .... D

Beschäftigen Sie sich gern mit Ihrem Computer?
- Mein Computer ist mein Spielzeug. Wenn ich Lust habe, bastele ich daran herum. C
- Für mich ist die Kiste vor allem ein Kommunikationsmittel – als moderne Schreibmaschine. .... D
- Ich verbringe viel Zeit damit, seine Leistungsfähigkeit zu optimieren. .... A

- Ich nutze ihn gern, weil er mir hilft, meine Angelegenheiten zu verwalten. .... B

2. IHR »EMOTIONALER HAUSHALT«

Machen Sie sich oft Sorgen?
- Sorgen? Wozu soll das gut sein? C
- Ja, ich denke dabei häufig an meine Familie oder meine Freunde. .... D
- Nein, zumindest nicht ohne Grund. .... A
- Ja, ich sorge mich häufig darum, ob ich für die Zukunft genug vorgesorgt habe. .... B

»Tratschen« Sie gerne?
- Für mich gibt es nichts Schöneres, als gemütlich mit Freunden zu »tratschen«. .... D
- Das ist nicht so mein Ding. Mir geht es hauptsächlich um den Austausch von Informationen. .... A
- Nein. Ich finde das nicht korrekt und habe Angst, dabei erwischt zu werden. .... B
- Sehr gerne! Ich bin neugierig, und beim »Tratschen« erfährt man immer viel Neues. C

3. IHR HAUSHALT UND SIE

Verbringen Sie viel Zeit mit Hausarbeit?
- Nein. Ich tue nur das, was getan werden muss. Allerdings führe ich ein recht aufwändiges Haushaltsbuch. .... A
- Es geht. Ich bin ziemlich unorganisiert, deshalb dauert manches etwas länger. .... D
- Ja. Ich habe genaue Vorstellungen, wie bei mir geputzt und aufgeräumt werden soll. .... B
- Hausarbeit? Dazu bin ich völlig ungeeignet. C

Schließen Sie Ihre Projekte in Haus und Garten zügig ab?
- Unfertiges gibt es bei mir nicht. .... A

- Nein, dazu bin ich oft zu unorganisiert. .... D
- Nein. Weil ich perfektionistisch bin, erreiche ich mein Ziel manchmal nicht. Dann breche ich das Projekt ab und hole einen Fachmann. . B
- Bei mir zu Hause ist alles provisorisch. C

4. IHRE FREIZEIT

Welche Rolle spielen Hobbys für Sie?

- Ich begeistere mich immer wieder für neue Hobbys. Dafür gebe ich andere auf. C
- Eine große Rolle. Am liebsten bin ich dabei mit anderen Menschen zusammen. .... D
- Ein Hobby muss mir etwas bringen. Fitness zum Beispiel oder neue Kontakte. .... A
- Ich brauche jede Woche feste Termine, so fühle ich mich am wohlsten. .... B

Laden Sie sich gern Besuch ein?

- Ja, sehr gerne und sehr oft. .... D
- Nur wenn eine Gegeneinladung zu erwarten ist .... A
- Am liebsten spontan. Irgendetwas finde ich immer, was man gemeinsam kochen kann. C
- Manchmal. Ich spreche die Einladung mindestens vier Wochen vor dem Termin aus. ...... B

Nehmen Sie häufig Termine wahr, zu denen Sie sich verpflichtet fühlen?

- Ich wäge sorgfältig ab, ob der Termin wirklich etwas bringt. .... A
- Oft nehme ich einen Termin aus reiner Neugier wahr, weniger aus Pflichtgefühl. C
- Ich bin einfach gerne unter Leuten. Deshalb sind »gesellschaftliche Verpflichtungen« für mich eher eine Lust als eine Last. .... D
- Ich habe ein starkes Pflichtgefühl und verpasse deshalb keinen Termin. .... B

AUSWERTUNG

Haben Sie am meisten A, B, C oder D angekreuzt?

A Der rationale Typ

Sie haben Ihr Leben gut durchorganisiert. Eventuell schießen Sie aber beim Optimieren Ihres Alltags manchmal über das Ziel hinaus. Lassen Sie einfach einmal die Seele baumeln. Vielleicht versuchen Sie auch, Ihr soziales Umfeld weniger durch die Brille der »Nützlichkeit« zu betrachten. Lehnen Sie nicht jede Plauderei ab, weil Sie Ihre Zeit sinnvoller verbringen könnten. Gespräche tun Ihrer Seele gut.

B Der sicherheitsbedürftige Typ

Für Sie ist ein dicht geknüpftes soziales Netz sehr wichtig. Sie werden für Ihre Zuverlässigkeit sehr geschätzt. Manchmal denken Sie jedoch vor lauter Pflichtgefühl zu wenig an sich selbst. Versuchen Sie, etwas kürzer zu treten, mit Sicherheit werden Sie die Zuneigung Ihrer Freunde deshalb nicht verlieren. Auch im Haushalt wird nicht gleich das Chaos ausbrechen, wenn Sie nicht alles perfekt in Ordnung bringen.

C Der spontane Typ

Fangen Sie viel an und bringen wenig zu Ende? Entrümpeln Sie am besten zunächst Ihre halbfertigen Projekte. Wenn Sie dann etwas Neues beginnen, arbeiten Sie mit der Fünf-Schritte-Methode (siehe ab Seite 65). Konzentrieren Sie sich auf Aufgaben, bei denen Ihr Einfallsreichtum gefragt ist! Routineaufgaben überlassen Sie besser anderen. Ihr Medienkonsum ist Ihr persönlicher Zeitfresser Nummer eins: Sie können stundenlang durch Fernsehprogramme zappen. Hierzu finden Sie hilfreiche Tipps auf Seite 139.

D Der emotionale Typ

Sie lieben es, Zeit mit anderen zu verbringen. Deshalb »quatschen« Sie gerne und ausgiebig mit Ihren Freundinnen, und wo immer eine helfende Hand gebraucht wird, sind Sie zur Stelle. Ziehen Sie aber auch deutliche Grenzen, wenn es Ihnen zu viel wird? Praktische Tipps dazu finden Sie ab Seite 132. Wagen Sie es einfach mal, Nein zu sagen! Sie werden sehen: Man wird es Ihnen nicht krumm nehmen.

Schweinehundsichere Tipps für jeden Typ

Rufen Sie sich zum Abschluss noch einmal die wichtigsten Tipps zum Umgang mit Ihrem Schweinehund in Bezug auf ❶ das Entrümpeln selbst, ❷ Ihr soziales Umfeld und ❸ Ihre Gewohnheiten in Erinnerung.

Der rationale Typ

❶ *Sie haben Glück. Ihr Schweinehund stört Sie beim Entrümpeln nicht besonders. Weil Sie sich ungern mit »emotionalen Altlasten« beschäftigen, gehen Sie beim Ausmisten eventuell sehr rigide vor. Versuchen Sie, nicht nur mit dem Kopf zu entscheiden, was Gerümpel ist und was nicht. Hören Sie auch auf Ihr Gefühl. Wenn Sie die Emotionen zulassen und durchleben, die Ihr Kram auslöst, werden Sie sich auch innerlich »entrümpelt« fühlen.*

❷ *Ihr soziales Umfeld ist gut organisiert. Vielleicht sogar ein bisschen zu gut? Machen Sie Ihrem Schweinehund klar, dass auch Kontakte zu den Menschen wertvoll sein können, die Ihnen nicht auf den ersten Blick als »nützlich« erscheinen. Wagen Sie es, sich von kreativen und spontanen Menschen inspirieren zu lassen.*

❸ *Sie haben Ihre Gewohnheiten so optimiert, dass ein größtmöglicher Freiraum das Resultat sein sollte. Oft ist das aber nicht der Fall, weil Ihr Schweinehund Sie pausenlos zu weiteren Verbesserungen drängt. Lassen Sie die Zügel ruhig ein wenig locker. Ihr Leben muss nicht in allen Bereichen perfekt organisiert sein.*

Der sicherheitsbedürftige Typ

❶ *Wenn Sie entrümpeln, dann würden Sie es am liebsten generalstabsmäßig tun. Aber Ihr Schweinehund schaut Ihnen besorgt über die Schulter: »Werfen wir auch nichts weg, was noch irgendjemand gebrauchen könnte? Oder was so wertvoll ist, dass man es lieber verkaufen sollte, statt es wegzuwerfen? Hängt da nicht doch noch eine wichtige Erinnerung dran?« Lassen Sie sich von Ihrem Schweinehund nicht aus dem Konzept bringen. Sagen Sie ihm immer wieder: »Es sind nur Dinge!«*

❷ *Für Ihr Pflichtgefühl und Ihre Zuverlässigkeit bekommen Sie viel Anerkennung. Vielleicht bürden Sie sich aber zu viel auf? Spüren Sie, wo Ihre Grenzen sind. Wenn Sie andere gern unterstützen, ist das großartig. Aber lassen Sie sich nicht ausnutzen. Manchmal können Sie Ihre Energie auch sehr gut für sich selbst brauchen.*

❸ *Ihre Gewohnheiten sind vielleicht etwas starr. Sie fühlen sich verunsichert, wenn Ihre Routinen – warum auch immer – gestört werden: Wenn Sie Ihre Lieblingssendung verpassen oder die Nachrichten oder wenn Sie einen gewohnten Freizeittermin einmal nicht wahrneh-*

men können. Noch eine Botschaft an Ihren Schweinehund: »Meine Hobbys sind für mich da, und nicht ich für meine Hobbys!« Das Gleiche gilt für Ihren Haushalt.

Der spontane Typ

❶ Bei Ihnen steht möglicherweise recht viel Gerümpel herum, aber Sie leiden nicht besonders darunter. So schieben Sie es auch immer wieder hinaus, die Sache in Angriff zu nehmen. Machen Sie es sich und Ihrem Schweinehund einfach. Nehmen Sie sich kleine Arbeitseinheiten vor und feiern Sie jeden Teilerfolg! Dann macht das Entrümpeln Spaß, und Sie bleiben dran. Es lohnt sich: Anschließend haben Sie viel mehr Freiraum für neue Projekte!

❷ Sie wissen es: Sie sind bei Ihren Freunden und Ihrer Familie beliebt, weil Sie immer so gute Ideen haben. Damit machen Sie Ihre zuweilen vorhandene Unzuverlässigkeit wett. Sie können sich aber Missverständnisse und Ärger ersparen, wenn Sie sich in Ihrem sozialen Umfeld so bewegen, wie es Ihnen entspricht: Übernehmen Sie keine Routineaufgaben und versprechen Sie nichts, das Sie nicht einhalten können. Stehen Sie insofern zu sich und Ihrem Schweinehund! So fühlen sich alle wohler.

❸ Ihre Kreativität steckt andere an, und als Gesprächspartner sind Sie sehr gefragt. Leider geraten Sie manchmal so in den Sog Ihres Fernsehers oder Computers, dass Sie sich stundenlang nicht daraus befreien können. Das ist eine Schutzmaßnahme Ihres Schweinehunds: Er verschafft Ihnen ein wenig Ruhe. Vielleicht gelingt es Ihnen, erholsamere Beschäftigungen für Ihre Auszeiten zu finden?

Der emotionale Typ

❶ Sie hängen an jedem Ihrer Dinge so mit dem Herzen, dass eine erfolgreiche Entrümpelungsaktion für Sie eine echte Meisterleistung ist. Feiern Sie sich dafür! Seien Sie nicht zu streng zu sich und Ihrem Schweinehund. Ausmisten ist ein Prozess, den Sie auch innerlich durchleben und bewältigen müssen. Geben Sie sich genügend Zeit dafür. Und bleiben Sie dran!

❷ In Gesellschaft blühen Sie und Ihr Schweinehund auf. Sie lieben es, mit anderen zu klönen und zu feiern. Und Sie nehmen viel auf sich, um anderen einen Gefallen zu tun. Vergessen Sie dabei nicht, auch an sich selbst zu denken. Auch Sie brauchen mal eine Pause. Und auch Sie dürfen einfach mal »Nein« sagen.

❸ Es fällt Ihnen schwer, Ihre Gewohnheiten zu ändern. Sie haben Ihre Routinen wirklich lieb gewonnen. Solange Sie sich damit nicht selbst den Freiraum nehmen, ist das völlig in Ordnung. Halten Sie aber ein waches Auge auf Ihren Schweinehund: Schicken Sie ihn einfach einmal vor die Tür, wenn er Sie zu einem weiteren Bastelprojekt (das Sie nicht abschließen werden) oder zu einem Ehrenamt verführen will (was Ihnen eigentlich zu viel ist).

IHR GROSSER RAUM-FÜR-RAUM-FAHRPLAN

Wo?	Was genau?	Wann?	Organisieren?	Belohnung!
Keller		1.–15. Mai		
	Regal	2.5.		ein großes Eis
	Umzugskisten	5.5.	Kinder fragen, was sie behalten wollen	Filmabend mit Freunden
	Heimwerker-Ecke	6.5.	neue Haken kaufen	Samstagnachmittag richtig schön faulenzen
	Sperrmüll-Ecke		Termin vereinbaren	ein Tag im Freibad
Abschlussfest				Party im Hobbyraum mit Nachbarn
Küche		16.–31. Juni		
	Geschirrschrank	16.6.		ein Blumenstrauß für mich
	Schubladen	19.6.	neue Besteckkästen kaufen	abends Fernseh-Krimi schauen
	Kühlschrank	20.6.	Desinfektionsmittel kaufen	Einkauf im Feinkostladen!
	Gewürzregal	22.6.	Neue Schraubgläser besorgen	ein neues exotisches Gewürz
Abschlussfest				großes Essen in der Küche
Kinderzimmer		1.–15. August		
	Modell-Autos			
	Bücherregal		Buchstützen kaufen	
	Bastelkiste			
Abschlussfest				großes Fest im Kinderzimmer
...	...	...	...	

Die Vorlage dazu können Sie unter **www.uli-mein-schweinehund.de** kostenlos ausdrucken.

IHR GROSSER ENTRÜMPEL-STUNDENPLAN

Kopieren Sie diese Vorlage oder drucken Sie sie unter **www.uli-mein-schweinehund.de** kostenlos aus.

JEDEN TAG EINE VIERTELSTUNDE

Was?	Termin	Erledigt

JEDE WOCHE ZWEI STUNDEN

Was?	Termin	Erledigt

Kopieren Sie diese Vorlage oder drucken Sie sie unter **www.uli-mein-schweinehund.de** kostenlos aus.

JEDEN MONAT EIN HALBER TAG

Was?	Termin	Organisieren	Erledigt
	...... Januar		
	...... Februar		
	...... März		
	...... April		
	...... Mai		
	...... Juni		
	...... Juli		
	...... August		
	...... September		
	...... Oktober		
	...... November		
	...... Dezember		

JEDES JAHR EINE GROSSAKTION

Was?	Termin	Organisieren	Erledigt
	 2008		
	 2009		
	 2010		

BEFREIEN SIE IHRE SEELE VON BALLAST

Kopieren Sie diese Vorlage oder drucken Sie sie unter **www.uli-mein-schweinehund.de** kostenlos aus.

1. VERZEIHEN SIE

Das hat mich gekränkt:

Das möchte ich tun, um darüber hinwegzukommen:

Dabei könnten mir helfen:

Bis zu diesem Termin möchte ich die Sache hinter mich gebracht haben:

2. BEREINIGEN SIE EIGENE SCHULD

Das ist mir passiert:

Das möchte ich tun, um die Sache in Ordnung zu bringen:

Dabei könnten mir helfen:

Bis zu diesem Termin möchte ich die Sache hinter mich gebracht haben:

ENTRÜMPELN SIE IHRE GEWOHNHEITEN

Nehmen Sie Ihre familiären Pflichten und Ihre Hobbys unter die Lupe: Wie viel Zeit investieren Sie jeweils? Sind Sie zufrieden damit? Wenn nicht: Setzen Sie Grenzen!

Kopieren Sie diese Vorlage oder drucken Sie sie unter **www.uli-mein-schweinehund.de** kostenlos aus.

GEWOHNHEIT	Zeitaufwand	So setze ich Grenzen	Ich starte an diesem Termin
Bad putzen			
basteln/dekorieren			
Betten machen			
bügeln			
Computerspiele			
Ehrenämter			
einkaufen			
Elternarbeit KiGa/Schule			
Fernsehen, DVD, Video			
Fußböden reinigen			
Garten/Balkon pflegen			
Gefälligkeiten für Freunde			
Gefälligkeiten für Kinder			
Gefälligkeiten für Partner/in			
Geschenke kaufen/verpacken			
grübeln, mir Sorgen machen			
Handarbeiten			
im Internet surfen			
Kinderzimmer aufräumen			
kochen/backen			
Küche aufräumen/reinigen			
musizieren			
Radio			
Sport			
Staub wischen			
telefonieren			
»tratschen«			
Wäsche waschen/trocknen			
Wohnräume aufräumen			
Zeitungen und Zeitschriften			

Bücher, die weiterhelfen

Fromm, Erich: *Haben oder Sein. Die seelischen Grundlagen einer neuen Gesellschaft,* dtv, München

Herwig, Ute Elisabeth: *Die Zeit-Diät. Zeit managen und Stress abbauen ohne Jojo-Effekt. Das 4-Wochen-Programm fürs Büro,* GRÄFE UND UNZER, München

Kingston, Karen: *Feng Shui gegen das Gerümpel des Alltags,* Rowohlt, Reinbek bei Hamburg

Klein, Stefan: *Die Glücksformel,* Rowohlt, Reinbek bei Hamburg

Küstenmacher, Marion und Werner: *Simplify your Life. Mit Kindern einfacher und glücklicher leben,* Campus, Frankfurt

Küstenmacher, Werner Tiki: *Simplify your Life. Einfacher und glücklicher leben,* Campus, Frankfurt

Münchhausen, Marco von: *So zähmen Sie Ihren inneren Schweinehund. Vom ärgsten Feind zum besten Freund,* Campus, Frankfurt

Nussbaum, Cordula: *Familien-Alltag sicher im Griff. So meistern Sie das tägliche Chaos gelassen und souverän,* GRÄFE UND UNZER, München

Pohle, Rita: *Weg damit! Die Seele befreien. In sieben Wochen das Leben entrümpeln.* Hugendubel, München

Pohle, Rita: *Weg damit! Entrümpeln befreit.* Hugendubel, München

Roth, Susanne: *Einfach aufgeräumt! In 24 Stunden mit der Simplify-your-work-Methode das Chaos besiegen,* Campus, Frankfurt am Main

Rückert, Hans-Werner: *Entdecke das Glück des Handelns. Überwinden, was das Leben blockiert,* Campus, Frankfurt am Main

Schechter, Harriet: *Entrümpeln Sie Ihr Leben. So befreien Sie sich von Andenken, Altlasten und anderem Ballast,* mvg, Frankfurt am Main

Schwebke, Frank R.: *Weg mit dem Ballast! Gewinnen Sie Energie für alles, was wirklich wichtig ist,* GRÄFE UND UNZER, München

Seiwert, Lothar: *Das Bumerang-Prinzip. Mehr Zeit fürs Glück,* dtv, München

Sher, Barbara: *Ich könnte alles tun, wenn ich nur wüsste, was ich will,* dtv, München

Stork, Edith: *Logistik im Büro. Unordnung kostet Geld,* Beltz, Weinheim

Witthüser, Richard/Klapproth, Bernd: *Die Wohnungsdiät. Endlich Platz für mich,* Königsfurth, Krummwisch bei Kiel

Register

Wichtiger Hinweis

Die Beiträge in diesem Buch sind sorgfältig recherchiert und entsprechen dem aktuellen Stand. Abweichungen, beispielsweise durch seit Drucklegung geänderte WWW-Adressen etc., sind nicht auszuschließen. Weder der Autor noch der Verlag können für eventuelle Nachteile oder Schäden, die aus den im Buch gegebenen praktischen Hinweisen resultieren, eine Haftung übernehmen.

3. Auflage 2014
2008 Deutscher
Taschenbuch Verlag
GmbH & Co. KG, München
Alle Rechte vorbehalten.
© 2006 GRÄFE UND UNZER
VERLAG GmbH, München.
Illustrationen inklusive Titelillustration: Michael Wirth
Fotos: Gettyimages: 6 (Photonica/Justin Hutchinson), 22 (Taxi/Bernd Opitz), 38 (iconica, Stephanie Rausser), 42 (Stockbyte), 58 (iconica/David Lees), 70 (Art Vandalay), 143 (Photonica/Lisa M Robinson); mauritius images/Stock Image: 120

Umschlag und Gestaltung: independent Medien-Design

Satz: Firmengruppe APPL, aprinta druck, Wemding, nach einer Vorlage von Knipping Werbung GmbH, Berg/Starnberg

Repro: Fotolito Longo, Bozen

Druck und Bindung: Firmengruppe APPL, aprinta druck, Wemding

Gedruckt auf säurefreiem, chlorfrei gebleichtem Papier
Printed in Germany
ISBN 978-3-423-34502-6